輝きを取り戻す思春期の子どもたち

―大人が変われば子どもは変わる―

ゆめの森こども園 代表
前島由美

はじめに

ゆめの森こども園を開園して10年の歳月が過ぎました。今回は『輝きを取り戻す〝発達障がい〟と呼ばれる子どもたち』の第2弾として、思春期の子どもたちの姿を通して私たち大人や社会のあり方を見つめ直し、すべての子どもたちを幸せに導く道筋を多くの方と一緒に考えていける本になればと思っています。

今、学校や家庭で苦しむ子どもたちがとても増えています。そんな子どもたちを見て私たち大人は、その原因が子どもたちの中にあると捉え、一生懸命に議論しがちです。しかし、深く見ていくと、実はそれは子どもたちの問題ではなく、私たち大人や社会のあり方に深くつながっていることが分かってきました。身近な大人の心の持ち方や態度、言葉が、気づかないうちに子どもたちの心に影響を与えていたのです。

子どもたちは、言葉でうまく大人に気持ちを伝えることは出来ません。そして思春期を迎えると、心はさらに複雑になるため、大人の対応は難しくなります。私たちがこれまでの常識や価値観というベールを脱いで、子どもたちと心と心で向き合い、大人としてのプライドを捨て、愛と勇気と覚悟を持って、どの子も生き生きと輝く社会を目指していかなければならないと思っています。

そのためには、私たち大人が輝くこと。毎日を柔らかな笑顔で穏やかに過ごし、いつも他者への思いやりを忘れず、すべてを丸ごと受け入れ、いつくしみ愛していく……そんな大人が溢れる社会でなら、子どもたちだけでなく、きっと生きとし生けるすべての生命が輝くことでしょう。そうすれば、今ある社会の問題はあっという間に消えていくと思います。

前島由美の人生動画（お絵描きムービー10分）

EM国際会議の講演録画（英字幕つき14分）

ゆめの森こども園のくらし

食事

ミネラルたっぷりの自然
の恵みをみんなで
「いただきます！」

畑しごと

微生物いっぱいの
土をつくって
おいしい野菜を！

みんなで
力を合わせて
お餅つき！

ゆめの森は
古民家で暮らす
大きな家族

自然の中で
思いっきり
遊びます

園を飛び出して
地域への親しみを
育みます

輝きを取り戻す思春期の子どもたち　◎　もくじ

序章

安心と自然を子どもたちへ

他者にも自分にも厳しいジャッジをする思春期の子どもたち

思春期を迎える小学４年生頃からは、それまでにはなかった心の変化が現われます。大人の階段を上り始めた子どもたちの心の中は複雑になり、幼少期に自分が丸ごと受け入れられた経験（感覚）を十分に持たない子は、親や先生などの他者だけでなく、自分自身にもジャッジの目を向けるようになります。それはやがて自分自身の心を締めつけていくことにつながり、真に豊かで幸せな人生を送る上で、最も大切な「自己肯定感」を落としていくことにつながっていきます。

「発達障がい」と呼ばれる子どもたちは、乳幼児期から感覚の過敏性や強い拘《こだわ》りを持つことが多く、親は育てづらさを感じ、時に親は酷《ひど》く怒ったり突き放したりするので、子どもは自分を丸ごと愛してもらえていないと感じ、心が傷つき、孤独を感じ始めます。心が寂しく安定感がないと、保育園や学校でも情緒不安定になったり、行動が荒れたりして問題視されるようになります。

無条件の愛を受けた経験が少ない大人たち

思春期の子どもたちの心は自立に向かおうとしますが、自分でも意識していない深い部分で寂しさや孤独感を抱えていると、その寂しさや孤独感を何かで紛らわせたり、自分を誤魔化そうとし始めます。逆に幼い頃から親や周囲に丸ごと受け入れられ、愛された経験を実感として持っていると、思春期の葛藤を自分の中で解決して乗り越えていくことが出来るようです。

人は安心感の中でしか自分に優しい目を向けることは出来ません。無条件の愛をたくさん与えられ、全身で感じた経験を子ども時代に持てた子は、自分を信じることが出来ます。自分を信じて行動すれば、人生は自ずと拓けていきます。

心のどこかで不安や孤独を感じている子は、自分も他者も信じることが出来ず、無意識に心を閉ざしてしまいます。そんな子どもたちの心を解きほぐし、光の方向に向けてあげられるための大人の関わり方マニュアルはありません。小手先で表向きだけの関わりはまったく通用しないのです。

関わる大人がどこまで自身の心をフルに開き、「必ずこの子を幸せな人生へ導く」という強い意思と覚悟を持てるかどうかだと思っています。しかし、私たち大人自身がこの「無条件の愛」を受けた経験が乏しい場合、子どもたちの心のサインを見抜き受け止めることが難しいという実態があり、実はこのことが子どもたちを導く上で大きな課題と感じています。

「内観の力」が弱まってしまった社会

今の社会は、大人も子どもも心の力が弱ってしまっていると感じます。子どもたちを見ていても、外側のことばかりに気を取られ、誰かのことばかり気にしています。そうなると、自分に意識を向ける時間がどんどん持てなくなり、いざとなった時に自分自身で判断したり、選択したりが難しくなります。結果的に誰かの意見や助言に左右されて物事を決め、その先で上手くいかないと自分のせいではない気がして、また外側に意識を向けてしまう……。

そうした習慣により自分軸が育たないため、何かあると心が揺らぎ、誰かを頼ったり、何かに依存したりして心が脆《もろ》くなります。これは大人にも言えることで、常に外側に意識を向け、他者をジャッジしたり、愚痴や不満が多くなります。

「誰の人生で、誰のために生きるのか、どんな自分を生きたいのか」

そこにしっかりと目を向けることが幸福な人生につながると思っています。「子どもは大人の鏡」なので、まずは私たち大人から自分を大切にし、「こうあるべき、こうしなければならない」という固定観念や常識と言われる枠から離れ、「自分は本当にこれでいいのか、本当にこうしたいのか」と、心の深い部分に意識を向け、自分の心を見つめる「内観」を心掛けることが大事であると思います。このことは思春期に暴走したり、路頭に迷う子どもたちを救うためにも急務だと感じています。

「自然」から離れると人の心は壊れていく

テレビやゲーム、ネット（ＳＮＳ）の世界が、幼少期の子どもたちにまで浸透する時代になって、私たちはどんどん「自然」から離れ、子どもたちは五感や身体を使ったリアルな体験をする機会がなくなりつつあります。自然がどれほど人の心に大きな影響を与えるかは、ゆめの森こども園の子どもたちが立証してくれています。ゲームやネット依存で昼夜逆転し、睡眠障害を引き起こし、不登校を続けていた何人もの子どもたちが、ゆめの森こども園に来るようになり、少しずつ動物と触れ合い、土に触れるようになると、その表情はみるみる輝くようになります。その子にとって、何が良いのか具体的には分かりませんが、生きものに触れ、自然環境に身を置くことが何よりの心の開放感や癒しになるのだと思います。

私たちは、自然から生まれました。その自然を壊し、自然から離れることは、私たち人間自身を壊すことにつながるのだと思います。そのことを子どもたちが身をもって教えてくれたと感じています。

今、化学物質過敏症の症状と、増加の一途を辿る「発達障がい」と診断される子どもたちの症状が類似している実態も分かってきました。何気なく使っている日用品を天然素材にしたり、衣食住の暮らしを出来るだけ自然なものにと意識を向けるだけで、心と身体を整えることにつながります。そしてそれは地球を浄化し、環境汚染や異常気象も防ぐことにつながります。

私自身も導かれるように「衣」にも目を向けるようになり、「着物も農業」という言葉を聞いて「ハッ！」とし、それ以来、和服で講演しています。織布の一本一本の糸も染色も植物から出来ていて、その布で作った着物は着古され雑巾になり、最後は燃やして灰になります。昔はその灰が最高の畑の肥料になったというのですから、化学的なものがなかった時代にはすべてが地球上で循環していたのですね。健康で豊かな心は自然とともにあることを忘れない社会にしていけたらと思います。

第1章

現代の思春期の子どもたち

親子支援から見えてきたこと

以下は長年の親子支援から学んだことです。

「無条件に愛される」ことが、どれだけ人の心を豊かにし、その先の人生までも安定した幸せなものにしていくかを思春期の子どもたちの姿で教えてもらいました。人は人に愛された経験を持たなければ、人を愛することが出来ません。無条件の愛が何をもたらすか、逆にそれが枯渇すれば何を引き起こすかが分かるようになりました。現われる姿や行動は様々ですが、その根源は「無条件の愛」の有無でした。

●「安定した環境の中で、丸ごと無条件に愛された経験（記憶）」を持つ子どもたちの特徴

①穏やか
②争いを好まない
③承認欲求が少なく、自分軸を持っている
④結果よりプロセス（チャレンジ）を楽しむ

⑤誰にでも優しい
⑥思い通りにいかなくてもストレスになりにくい

●「安定した環境の中で、丸ごと無条件に愛された経験（記憶）」を持たない子どもたちの特徴

①自分を愛しにくい
②素直になりにくい
③物欲、性欲等で自分を満たそうとする
④いざとなると捨て身になる
⑤信じる心を持ちにくい
⑥承認欲求、支配欲を持ちやすい

過敏性に苦しむ思春期の子どもたち

不登校になる子どもたちの多くに感覚過敏（「発達障がい」と診断されることもありま

す）の苦しみがあります。また思春期に入ると身体的な成長に伴いホルモンバランスが崩れるため、精神安定に影響を及ぼし、不登校が始まるケースも少なくありません。

家に引きこもる子、昼間を外で過ごし、やがて夜も徘徊し非行に走ってしまう子、などとタイプは分かれますが、どの子も話すと素直で、根っこには優しい心を持つ素敵な子ばかりです。そんな子どもたちが抱える生き苦しさに触れていくと、いろいろなことを考えさせられます。以下はそんな子どもたちの特徴です。

●有り余るエネルギー

発達障がい（感覚過敏）と呼ばれる子どもたちの内面はとてもエネルギッシュです。そのエネルギーが上手く発散・発揮できれば、どの分野でも素晴らしい成果を残すことの出来る子どもたちですが、それが出来ないと長期にわたり引きこもったり、非行に走ったりしてしまいます。

●面倒くさがる

過敏性を持つ子どもたちは、興味関心が100か0と言われるだけに、気が向かないことには全くやる気が出ないため、無理にさせられることや促されることに対し、「面倒くさい！」とよく口にします。そんな姿を大人たちは窘《とが》めがちですが、よく考えてみれば、私たち大人も全く同じで、本来やりたくないことは面倒くさく感じています。けれど、本質的なところに蓋をして、今取り組んでいることが本当に有意義な未来につながっているのかということを熟慮せず、「常識」という観念だけで突き通そうとする大人たちに反旗《はんき》を翻《ひるがえ》しているのが発達障がいと呼ばれる子どもたちなのだと感じています。

●型にはめられることを嫌う

現代の不登校児のほとんどが「感覚過敏」に起因すると言われる中で、子どもたちは「何かがおかしい」と感じたことに対して、全力で抵抗しようとします。その中に「型にはめられる」ことへの強い抵抗があります。これに対する大人たちの向き合い方が重要です。となると、今の教育そのものの見直しが必要になると考えています。

●気持ちが定まらず、コロコロ変わる

感覚的に様々なことを同時に感じ取る子どもたちは、その時々で気持ちや考え、方向性が変わることがよくあります。このことを良しとしない大人たちは、つい批判しがちですが、逆に言うと、とても自分の心（魂）に素直で柔軟かつ勇敢なのです。そして本質の深い部分では的を得ていることが多いのです。変わらなければならないのは、そうした常識観念や幼少期から刷り込まれてきた価値観を疑いなく持ち続けている私たち大人なのかも知れません。

●ゲームやSNSにハマる

この社会が自分たちの輝ける場所ではないことを魂で悟っている子どもたちは、避難場所を探します。それがネットの世界です。子どもたちを見ていると、その世界にのめり込んでいるように見えて、実はとても退屈で暇と感じていることが分かります。そのまま放っておくと思春期に反乱を起こすため、さらにそれを法で縛《しば》るという負の連鎖に陥ります。

●恋愛依存に走る

昔の時代のように親子、家族、友だち同志が心でつながれていない社会では、子どもたちはどんどん孤立していきます。見た目は仲間と賑やかにたむろしていても、心の芯ではつながっていないことが多く、独りになると途轍《とてつ》もない孤独感や不安に苛《さいな》まれ、深夜でも誰かと一緒にいたい！と徘徊が始まります。

そんな中で男女が出会うとたちまち恋愛に発展し、すぐに肉体関係を結び、互いの寂しさや孤独感を埋め合う依存の形になっていくようです。ここからDVに進んでしまうことも多いため、思春期までに自分で自分の心を満たすことが出来る子に導いてあげることが急がれます。

●持久力に欠ける

苦手なことを乗り越えたり、一つのことを持続させ目標を達成する持久力のベースは、自己肯定感や自信です。この自己肯定感や自信が誰か（外側）から与えられるものであっては確立しません。この自己肯定感や自信がない状態で結果に向かっていくら努力をしても、どこかで挫折する可能性が大きいのです。

結果は度外視で、どこまでもプロセス（経過）を楽しむ。これが出来れば真の持久力につながり、真の幸福も持続可能になるのだということを子どもたちは逆の姿を見せながら伝えています。

●信頼関係を築きにくい

人を信じる前に自分を信じることが出来なければ、他人との間に本当の信頼関係は成り立ちません。仲良く見えても芯の部分では疑心を抱き、次第に表面的な関係性にもそれが現われ、関係性が終わってしまう……この繰り返しがトラウマになり、さらに表面的な付き合いだけを続けていく。

そんな子どもたちの姿を見たり耳にしたりすると、何とかしてあげたいという思いになります。そこで次のように話をします。

「自分を芯から理解してくれて、自分もその子を芯から理解し、何があっても私は信じてるよ！とお互いに言い合える友だちが人生に一人でもいたら、もうそれで十分なんだよ。

逆にどんなに大勢の友だちとつながっていても、いざとなると悪口を言われる友だちばかりなら幸せな人生には向かわないんだよ」と。すると「なるほど！」と腑に落ちるようで、そこから変わろうとする子たちがたくさんいます。

●現実逃避してしまう

どんなに生き苦しい社会でも、その中で生きるしかない子どもたちは、心のシェルターを探して迷い込みます。そこがゲームやネット、集団徘徊、恋愛依存などの世界です。その子どもたちを戒《いさ》めたり更生させるために時に、罰則を強めたりする大人や社会自体は間違っていると思っています。

子どもたちは本来、私たち大人よりずっと純真で、本質がどこにあるのかを魂の部分で見極めています。しかし、見極めたところで社会も大人も変わらないことを知っているので、逃げ込む場所を見つけようと必死になり、やがて現実そのものから逃避し、今のような大きな社会問題にまで発展しているのです。

第2章

子どもは大人の写し鏡

本当のことが見えている子どもたち

ゆめの森こども園で元気に外を駆け回って遊ぶ不登校の子どもたちを見ていると、子どもたちの深い部分から

「本当は学校に行きたいんだよ。だけど今の学校には行けないし、行きたくない。本当はお母さんやお父さん、学校の先生に伝えたいことがあるけど、上手く言えないから我慢するしかないんだ」

という心の声が聞こえてきます。

行き場のない気持ちを無意識に封印して日々をがんばっている子どもたちには、人生で本当に大切なものが見えている気がします。「子どもの将来のために!」と大人や社会が取り組んでいる今の教育は、気づけば刷り込まれた大人の価値観と常識に基づいたものであり、子どもたちを真に幸せな未来へ導くものではないのかも知れません。

これまで信じて疑わなかった価値観や常識を、魂の深い部分で見直した時に「実はそれが目的と大きく違うものであった」と気づけたら、それを認め方向転換しなければな

りません。けれどそれには大きな勇気と決断が要ります。しかし、今そこに向き合わない限り、苦しむ子どもたちを救うことは出来ません。以下は不登校の子どもたちが、ふとした時に口にする偽りのない気持ちです。

・学校って何のためにあるの？
・授業中、ずっと椅子に座っていて何になるの？
・テストの点数が良かったら立派な人になれるの？
・大人になって困らない勉強を、なぜやらせるの？
・先生はしないのに、どうして子どもには「しなさい」って言うの？
・時間や決まり、ルールを守らないとダメ人間？
・楽しくない学校にどうして行かないといけないの？
・みんなと同じことが出来ないとダメ人間？
・自分を思い切り出したらダメなの？
・先生はどうしていつも怒って教えるの？

・先生は子どもが好きなのかなぁ
・大人になりたくない

子どもたちの背景に見える大人の姿

苦悩する思春期の子どもたちを見ていると、「自分を生きる」ということが難しく、常に自分以外の誰かを意識して、そのネガティブな反応に反応するという負の連鎖が起きています。他者の目を気にするあまり、自分が本当はどうしたいのかを見失い、自らを苦しめているように見えます。また「足るを知る」がなく、今を味わうより次へ次へと欲求に走っていく姿を見ていると、私たち大人の姿の写し返しているように見えます。

●外側にばかり目を向ける

問題が起きた時に子どもたちと話していて感じることは、自分の非を認めようとしないことです。「だって○○だったもん」「○○だってやってるじゃん」と外側のせいにばかりして自分自身と向き合うことが出来ません。

「それって人のせいにばかりしていない？　起きることには全部意味があって、自分自身と向き合って気づけば、自分が大きく成長できるチャンスなんだよ」

と言うと、「なるほど」という顔をします。一つひとつ丁寧に話せば、意外と素直に納得する子どもたちです。まずはそこへ導く大人が自らを振り返り、内省することが大事です。

●常に不足感を抱いている

欲しいものを買ってもらい、お年玉やお小遣いなど自由に使えるお金を持っている子も多い中、なぜか物欲が止まらず、次々と欲しい物が出てきては手に入るとすぐまた次の物が欲しくなる……この根底に何があるのだろう？　と見ていくと、子どもたちが心の底で求めているものは、物やお金ではなく、安心や愛なのだと気づくようになりました。そして、これも大人の内面が写し出されていると感じます。

親や他者に欲求を叶えてもらうと、一時的であっても愛を受けた感覚になり、その感覚は一瞬ですが安心に変わります。無意識層でそれを味わうことにより、心は勘違いを起こし、物欲に走るようになります。思春期にこの物欲が性欲に変わると相手を束縛し、知らず知らずのうちに依存に陥る恋愛（DV）に発展してしまいます。

この構図は大人にも当てはまるため、子どもたちをそのルーティンから解き放つためにも、私たち一人ひとりの大人が地球が与えてくれた自然界を通して「真実の愛」に目覚めることが急がれると思っています。

●誰かに認められたい

私たちが評価や競争（誰かと比べられる）の中で受けてきた教育は、人が自らの力で幸せに生きていく上で最も大切な「自己肯定感」を育ちにくくさせてきました。重ねて日本では「謙遜（へりくだること）」が美徳とされてきた側面もあり、一人ひとりが自信を持って生き生きと自己発揮（表現）する力を積極的には育てず、むしろ自己主張することを「自己顕示欲」として否定的に捉える傾向がありました。

本来は、自己肯定感と自己表現力を一体として育むことが大切で、そのベースとなるのが「自己愛＝利他愛」です。自分で自分を癒し愛する力が他者を丸ごと受け入れられる優しさとなり、そんな教育が当たり前になれば「承認欲求」とは無縁になります。

●自分の身に置き換えて考えず、流されてしまう

中高生の話を側で聞いていると、誰かの噂話が多かったりします。それもネガティブなものが多く、会ったこともない子のことでも批判したりしているので「もし自分の嫌な噂話を知らない子にまで広げられていたら、どんな気持ち?」と聞くと「絶対イヤだ」と言います。また他人の顔や容姿についても批評することが多く「人は顔やスタイルじゃないんだよ。どれだけ相手の気持ちを理解できる優しさを持っているかだよ」と言うと「確かに」と言います。こうした姿も大人の影響が大きいと思います。

私たちが、つい目に見える部分でジャッジし、平気でそれを話題の中心にしてしまっていると、子どもたちは当たり前に受け取ってしまい、最も大事な、人の深いところを見なくなってしまいます。

第3章

大人が変われば子どもは変わる

愛に満たされた社会になるために大切なこと

思春期に限らず、今の子どもたちの中で「夢に向かって生きる！」というようなキラキラした瞳に出合うことは、とても難しい時代になってしまいましたが、一人ひとりの子どもが「なりたい自分」を描ける力をつけてあげることは、大人の大きな役割です。

そのためにはまずは大人が変わること。

私たち大人が自分自身と向き合い、誰よりも自分で自分を理解し、受け入れ、自らの力で自らを導けるようになると、子どもたちは必ず変わります。今の社会ではそう簡単なことではありませんが、愛に満たされた社会になることで可能になると思っています。

●自己受容

子どもたちが幸せになる社会は、私たち大人たちが幸せであることが大前提ですが、そもそも「幸せ」の根底をしっかりと理解しておかなければならないと思います。それは、

①思いきり自己表現が出来ること
②他者を信頼し、つながること

だと思っています。この①と②の確立に不可欠なのが「安心と安らぎ」です。安心と安らぎは、自己受容から生まれます。自己受容こそが「愛に満たされる世界」そのものなのです。

●ジャッジのない世界

安心と安らぎの世界には、ジャッジがありません。芯からの自己受容が出来るようになると、他者をジャッジすることはなくなります。ジャッジのない世界には、不安や恐れや警戒がなくなります。そうなると他者や外界を初めて丸ごと受け入れられるようになり、愛に満たされる世界が広がり始めます。

●許し

許すという行為は、自らへの許容に始まります。自分をしっかり受け入れて、自らをしっかり許容すること。大人がこれをしない限り、子どもを心の底から受け入れることは出来ません。

口先だけで子どもの心を包み込むことは出来ないのです。まずは自分自身を丸ごと愛で包み込むこと。それが出来るようになると、どんなことも心穏やかに受け入れられるようになり、これまでの「裁き裁かれる社会」は消えていくと思います。

●内観

私たち大人は、何か問題が起きると無意識レベルで原因を外側に見つけ出し、解決しようとする傾向がありますが、「起きることにはすべて自分自身の内側に意味があり、魂に必要な気づきと学びがある」と捉えることで、すべてが感謝に変わります。この感謝の気持ちこそが、調和と融合の「和合の意識」に直結し、愛に満たされた社会を築くことにつながるのだと思います。

●思いやり

思いやりとは、「立場の置き換えが出来る心」だと子どもたちに伝えています。痛みを与えた側は、立場を置き換えて相手の痛みを感じ取ろうとしない限り、自らの行為を反省することは出来ず、人間関係を深めることも出来ません。相手と自分を同じに見て、自分がして欲しいこと（されて嬉しいこと）をする、して欲しくないこと（されて嫌なこと）はしない！と決めることが、愛に満たされた世界への入口だと思います。

●ブレない自分軸

意識を外側に向けなくなり、常に自分の内側に目を向け、湧いてくる素直な気持ち（心）を丁寧に受け止められるようになると、他人の評価が気にならなくなってきます。大事なのは、他人にどう見られるかではなく「自分がどう生きたいのか」なのだとはっきり認識することで、迷いや悩みはなくなり、安定した心で自分の人生を切り拓いていくことが出来ます。

大人が変わる日常の心掛け

●笑顔と明るい声

人は笑顔と明るい声に癒され、生きるパワーをもらいます。子どもたちも大人の笑顔と明るい声に囲まれた環境の中でこそ、安心してのびのび自己発揮や自己表現が出来るようになり、そのことが一人ひとりの人生を幸せに導く大きな鍵になることは間違いありません。

しかし、現代社会を生きる大人たちにとって、それは簡単なようで難しかったりするのも事実です。そこで、それを頭で理解して実行しようとするより身体から変える、たとえば身体によい食べ物で腸内環境を整えることで穏やかな気持ちになり、自然に笑顔が増えたり、周囲の人たちと楽しく笑い合えたりするので、心と身体のつながりを知ることは、とても大切なことと言えると思います。

●ありがとう！の言葉を掛け合う

大人たちの「ありがとう」の言葉が飛び交うだけで、その場の雰囲気は和やかになり、心をホッとさせます。子どもたちはそんな環境の中で、心が解きほぐされ、自然に自己表現や自己発揮が出来るようになっていきます。

たくさんの「ありがとう！」に触れて育った子どもたちは、自然に「ありがとう！」を口にするようになり、感謝の心が自然に身につきます。そんな子どもたちが大人に成長した社会は、今とは比べものにならない幸せな社会になっていると思います。

●陰口、悪口を言わない

子どもたちは見ていないようで大人の姿をよく見ています。それも何気なく会話している普段の姿を垣間見て、本質的なその人の人柄を直感的に見抜く力を持っています。特に発達障がいとされる子どもたちは、感性が研ぎ澄まされていると言われる分、この傾向を顕著に持っていると確信しています。

本質的にというのは、その人の魂とも言える深い部分で、誰もが目の前の出来事に対処する時に無意識で外側に見せている姿です。人前で意識して話す言葉や、とる態度ではなく、心の深い部分（その段階の人間性）やその時の心の状態が無意識的に表出するところを感性の鋭い子どもたちは、いち早くキャッチして敏感に自分の中に取り込みます。

ここで最も注意すべきは、相手や他者に対するジャッジや批判的な言葉です。気づいた大人からここをなくしていくことがどれほど子どもたちの心を癒して解放し、天性の個性・才能を輝かせ、大きく開花させるか知れません。

第4章

ゆめの森こども園での取り組みの実例

■実例1

お母さんとの連携で断薬に成功、自制心を導き出す

リョウタくん

（当時、中学2年生）

小学校低学年からの服薬。身体の不調で意欲や自制心がなかなか育たず、お母さんと話し、力を合わせて断薬に成功。それまで薬で抑えていた困った行動も、お母さんと協力し、関わりに一貫性を持たせることで心の安定に導くことが出来た。

〈リョウタ君のお母さん〉

リョウタが小学校に上がる時、保育園の先生から「就学前に相談を受けたほうがいいのでは」と声を掛けられました。小学校では落ち着きがなく友達にちょっかいを出したり物を隠したりとトラブルが多々あり、担任の先生に提案されてスクール

カウンセリングを受けたところ、病院を勧められ、発達障がいと診断が下り、服薬が始まりました。

飲むと頭が痛い、吐き気がすると言って食欲もなくなり、本人もしんどそうにしていました。それでも私は無理強いして飲ませていました。

4年生になる時に学校から特別支援学級を提案され、本人にとって一番いいならと支援学級に移行しました。その際に福祉相談員さんから療育支援の場として放課後デイサービスを教えてもらい、ゆめの森こども園を見学。前島さんと出会いました。

リョウタは人見知りが激しいのですが、前島さんが他の子の支援で学校に来ておられる時にリョウタも関わってもらっていたようで、すんなり通ってくれるようになりました。学校ではトラブルも時々ありましたが、嫌がらず終日過ごし、放課後にゆめの森こども園を利用していました。

中学校に入り、新たな環境で頑張っていましたが、一学期半ば頃から行きたがらなくなり、無理させず一旦ゆめの森こども園で過ごすことになり、朝から良いリズムを作れるようになりました。ただ、服薬のことが気がかりでした。頭痛や吐き気で体調が優れず、このまま飲ませ続けて本当に良いのだろうか……。

私自身、介護施設の職員として向精神薬を服薬している方の副作用や変化を目の当たりにしていたため、内心不安がありました。そんな時、前島さんから薬について尋ねられ、気持ちを話す中で医師から長期休みは飲まなくても良いと聞いていたこともあり、夏休みを機に断薬することを決めました。

ゆめの森こども園との連携で断薬にも成功し、今では食欲もしっかり戻り、朝からご飯を食べて学校でも1時間ずつ過ごせるようになりました。毎日午前中からゆめの森こども園に行き、学校では出来ないことをたくさん体験させていただいています。でも今の状況に至るまでは、ゆめの森こども園でもいろいろありました。

ある時、ゆめの森こども園を飛び出したリョウタが追いかけるスタッフを振り切って姿を隠し、自宅まで帰って来たことがあり、前島さんから連絡がありました。命に関わるから、ここは連携してリョウタを守ろう！と「約束が守れないなら、もうゆめの森こども園には行かなくていい！」と私から強く言いました。「朝の迎えにも来てもらわない！」と実際に１週間休ませました。そうすることでリョウタは自分なりに考え反省し「約束を守るからゆめの森こども園に行きたい」と自ら答えを出し、再び通うようになりました。

障がいの特性としてもなかなか危険行動が止められず心配していたのですが、その期間があったお陰で今は、ゆめの森こども園でも家でも落ち着いて過ごせており、嬉しく思っています。

気になっていた子どもと縁がつながる

リョウちゃんとの最初の出会いは、リョウちゃんが小４の時で、学年を越えた子どもたちが市内の小学校で4~5名で過ごしていた支援学級でした。当時ゆめの森こども園の子どもがそこに通っていて、その支援で月に数回伺っていたのですが、人なつっこい他の子に比べ、目も合わせようとせず、話しかけても横を向いて無反応・無表情なリョウちゃんがとても気になっていました。

おとなしいかと思いきや乱暴な一面もあり、友だち同士の中では暴力を振るう場面もありましたが、絵を描いたり工作が上手で、その作品には目を見張るものがありました。

そんななか、相談員さんからリョウちゃん母子の見学の申し出があり、ご縁がつながりました。

クスリの問題は信頼関係をしっかりと結んでから

学校支援で会う度に、言葉をかけたり作品を褒めたりしているうち、少しずつ刺々《とげとげ》しさが無くなっていったリョウちゃんは、ゆめの森こども園にも嫌がらず毎日通って来ました。

ゆめの森こども園で関わるようになって気づいたのは、すごくおとなしい時と衝動的な行動が目立つ時の落差でした。もしかして……と確認したところ、やはり服薬していて、しかもその量が体重に対して多く、心配が募りました。

ちょうどその頃、学校で友だちとのトラブルや飛び出しが重なり、開かれた支援会議でクスリについての話も出て、後日お母さんとクスリについて話すことが出来ました。お母さんご自身も高齢者施設に勤める経験から向精神薬への不安があり、出来れば止めたいと思っておられましたが、学校から飲ませてくださいと言われるので無理に飲ませているとの事でした。

リョウちゃんに出されていたコンサータという薬は食欲を奪う副作用もあり、なかなか体が大きくならない印象がありました。しかも、いつもだるそうにしていて気掛かりでした。

それでも小学校は休まず通い卒業しましたが、中学校に入ると間もなく不登校になりました。お母さんと話し、思い切って学校を休み、朝からゆめの森こども園で過ごし、本格的な断薬に向かいました。

クスリが切れるとイライラや衝動性が際立ち、粗暴な言動や物を壊す行動を繰り返しましたが、スタッフみんなで寄り添い、なだめながら乗り越えました。断薬により本来の食欲が戻り、ゆめの森こども園のミネラル豊富なご飯をいっぱい食べてくれたことが、リョウちゃんの精神を間違いなく支えたと思います。

やがて体調とともに心が安定してくると、私と一緒に朝から学校に顔を出し、短い時間をマンツーマンで対応してくださる先生と教室で過ごせるようになり、自己肯定感や自信を取り戻していくのが見えました。学校側との心通う連携と、担当してくださる先生の温かく手厚い対応が大きな鍵となりました。

親との連携で、その子の人生を見据えた厳しい対応も必要

断薬から落ち着き、状態が良くなってきた頃、今度は思春期の反抗心からちょっとしたことに拗《す》ね、ゆめの森こども園から独りで家に帰ろうとする姿が出てきました。ある日、後を追うスタッフの目を眩《くら》ませ、自宅まで帰ってしまったことがあり、お母さんと相談。ここはリョウちゃんの将来のために覚悟を決めましょう！としっかり連携。お母さんの毅然《きぜん》とした態度と決意の対応が、リョウちゃんの中の自制心（我慢の力）を引き出し、今の安定したリョウちゃんにつながっています。

視覚過敏からの強い人見知りは今もありますが、大好きな物作りや農作業をスタッフに混じって生き生きと手伝うリョウちゃんの姿に、言葉に出来ないほどの感動と幸せをもらっています。今目の前だけの支援に終わらず、その子の将来を見据えた、時には厳しい支援が大切です。それは親御さんの協力なしには実現できないことであり、リョウちゃんのお母さんには心から感謝しています。

■実例2

幼少期の愛の欠乏感が生み出した「許せない心」を対話の中で解いていく

ユミちゃん

（当時、中学2年生）

家庭の事情で親の愛に包まれる経験が乏しかった幼少期の経験から、無意識で愛を求める行動が裏目に出て、自他への不信で苦しんだユミちゃん。「愛は自分の内側にある」と気づけた時、行動が変わり、嬉しい現実を体験し、成長につながった。

〈ユミちゃんのおばあちゃん〉

昨年の春、ゆめの森こども園に通っている子どもさんのお母さんより声をかけていただきました。その半年前、中学校に入学し、喜びのなか学校に通っていた孫が、小学校時代からいじめを受けていたことを話してくれました。毎日普通に学校に行き、帰ってきたら「今日も楽しかった！」と話してくれていた孫でしたが、話を聴くととても陰湿ないじめでした。どんなに苦しく、辛かったかと思います。

いじめを受けたことに対して、孫と一緒に行政等へ相談に行きましたが、ただ話を聞いてくださるだけの対応でした。やり場のない思いを抱えていたなか、孫の友だちのお母さんで、私の友人でもある方から、ゆめの森こども園を紹介していただきました。

ゆめの森こども園は、前島先生とスタッフの皆さんが団結して心から支えてくださる感じの場所でした。こんな場所があったんだ！　とびっくりしました。前島さんが孫をいろいろな形で支えてくださり、身体の面でも良いものを摂るように指導してくださいました。そのお陰で毎日ゆめの森こども園に喜んで行けるようになりました。

去年の10月には、ゆめの森こども園のフリースクールの中学生メンバーで前島さんと沖縄へ研修に行かせてもらい、素晴らしい経験をさせていただきました。ゆめの森こども園のお昼の食事もオーガニックでミネラル豊富な最高の食事で、孫の心はすっかり元気になりました。

今はゆめの森こども園で学んだたくさんのことを家に帰って教えてくれています。そして、「全国で苦しんでいる自分のような友だちを救いたい！前島さんのお手伝いがしたい！」といつも話しています。そして、素晴らしい出会いに感謝しています。

明るさの奥に寂しさを抱えた女の子

ユミちゃんとは数年前に、ゆめの森こども園に通う子の支援で通っていた市内の小学校ですでに出会っていました。話したことはほとんどなく、すれ違って挨拶をする程度でした。昨年春、ユミちゃんのおばあちゃんが相談に来られ、中1になったユミちゃんがいじめから不登校になったことを涙ながらに話してくださり、すぐにフリースクールで受け入れました。

ゆめの森こども園に来て過ごすユミちゃんは、誰に対しても、とても感じの良い明るい女の子。なのに目の奥がどこか寂しそうで、明るく振る舞っているものの、どこか無理をしている気がして出来るだけ側《そば》に行って声をかけたり、良いところをたくさん褒めるようにしていました。しかし、その頃は私自身が講演などで外に出ることが多く、ユミちゃんを気にかけながらも、なかなかゆっくり関わることが出来ずにいました。

そんなある日、久しぶりに中学生の女の子たちが集まっている中に入り、楽しく関わっていた時、スッとユミちゃんが無表情でその輪から外れていく姿を見て、やはり何かを抱えているんだなぁと感じました。

子どもの気持ちを丸ごと受け止める

中学生の女の子たちの中にユミちゃんの幼馴染みがいて、二人は気づくと一緒にいるものの、些細《ささい》なことでソッポを向いて口を利かないこともよくありました。そこで別々に海辺などに連れ出し話を聴くと「仲良くしたいけど、どうしてもケンカになる」というのがお互いの胸の内でした。二人に共通するのは、心の寂しさ。表面的に見せる強がりや親への反発心は、「もっと分かって欲しい」「丸ごと受け止めて欲しい」という寂しい心の叫びでした。

ユミちゃんは、いじめで辛かった頃の話をたくさんしてくれました。その度に「辛かったね。よくがんばったね!」と頭や顔を撫でたり、抱きしめたりしていましたが、そうしているうちにユミちゃんに少しずつ変化が見られるようになってきました。それまでの、どこか寂しそうな影が徐々に消えて、心の底からの明るさと本来の優しい心が戻ってくるのを感じていました。

そして、遂にユミちゃんのトラウマになっていた「いじめられた」という被害者意識と向き合える時がやってきたのです。

「許しの心」と「信じる心」を子どもたちに

ある日、ユミちゃんと久しぶりに小学校時代のいじめの話になりました。その頃を回想するユミちゃんに、

「もしかしたら、いじめをする子たちこそ、本当に心が寂しいのかも知れないね」

と話すと
「そうだね。私にもそんなところがあって、知らないうちにそうされる（いじめられる）ことをしていたのかも知れない」

と穏やかに振り返るユミちゃんの姿に心から感動しました。

私は中学生たちに時々「魂」の話をします。

「魂が人生で一番学びたいことは何だと思う？　それは〝許す〟ということなんだよ」

と。

潜在意識であっても「許せない」という気持ちがどこかにあれば、結果的に一番苦しむのは自分自身です。幸せな人生を歩んで欲しいと心から願う私に出来ることは、子どもたちを「許しの心」に導くことだと思っています。そのためには、まず子どもたちが、丸ごとの自分を周りの大人たちに優しく受け入れてもらい、どんな自分も愛され、許さ

れるんだという実感を持つことだと思っています。

苦しかった経験が知らず知らずのうちに自己防衛心となり「やられる前にやる」という尖《とが》った心に結びついてしまいます。「誰も悪くない、何も悪くない」。すべての人の苦しみは、現代の苦しい社会の中から生まれています。その苦しい社会が「安心で楽しい」ものになるために、一人ひとりの心の解放が必要です。

恐れと不安に晒《さら》されるニュースや世間の常識に囚われず、「人っていいな！」と思える心と「どんなことも優しさと本当の強さがあれば、必ず乗り越えていける！」その信念があれば、どの子も幸せで豊かな人生が送れると信じています。

しかし「発達障がい」と診断されたり、不登校になる子どもたちは、感性が研ぎ澄まされているため、ポジティブ、ネガティブ両方のエネルギーを強く感じ、いろいろな思いが入り混じる集団の場を苦しく感じます。逆に皆が安心に包まれ、温かな気持ちで過ごせる「大家族」のような居場所なら、持てる力を生き生きと存分に発揮することが出来ます。これからの時代はそこを意識した学校づくりが急務だと感じます。

■実例3
反発の強い思春期を信じて手放し、再び戻った後もしっかり受け止め、成長の道を切り拓く

ユウくん　（当時、中学2年生）

小学3年生の時からゆめの森こども園に通い、顕著な特性を持ちながらも断薬を成功させ、パワフルに成長。しかし思春期の波に揺られ、中学入学を機に一旦ゆめの森こども園を卒園。自力でがんばった1年後、「オレにはゆめの森こども園が必要！」と復帰。思春期を信じて手放すことで大きな喜びにつながった。

〈ユウくんのお母さん〉

ユウは、幼い頃から元気いっぱいで歌が大好きでスポーツが得意な息子でした。

小学校に入り「勉強が出来ない」と言うようになり、児童相談所で詳しい発達検査を受けたところ、学習障害（ＬＤ）、注意欠陥多動性障害（ＡＤＨＤ）がある事が分かりました。すぐに病院を紹介され薬が処方されましたが、飲むと食欲も減り、気づけばいつも寝ている子。あんなに元気だった子が……とその変化に驚きと不安が募りました。

私自身も向精神薬の副作用を経験していたため、すぐにやめさせたいと思い、知人からの紹介で前島さんにお会いしました。その後まもなく不登校になり、小２からゆめの森こども園で朝から過ごすようになりました。お陰で断薬も出来、スタッフさんたちの優しさと温い雰囲気の中で、栄養たっぷりの美味しいご飯を食べてユウは大きく成長し、相談支援員さんとの話し合いで小学校卒業と同時にゆめの森こども園を一旦卒園し、ユウの力で中学生活を送ってみようという事になりました。

中学生になったユウは、友達と一緒に自転車で登校し、テニス部にも入部。初めて学校に１ヵ月毎日休まず通い、部活の大会にも出ることが出来ました。もう大丈夫かも知れない！　そう思っていたら部活でのトラブルをきっかけに学校へ行けなくなりました。そんな時でも「一緒に行こう」と誘いに来てくれる友達がいて嬉しかったです。

家でもトラブルは続発し、携帯電話の使い方で何度も叱り、取り上げると夜遅くまで帰らず、どうしたらいいか悩んでいました。中2になり、新しい友達も出来てホッとしましたが、ユウはずっと支援学級に通うことに違和感を感じていたようで、ある日ユウが「普通クラスの友達が、ユウくんは俺らと変わらない普通クラスの子だと言ってくれた！」と喜んでいたのを覚えています。

良い友達に恵まれ、担任の先生にも恵まれて、いよいよ中3になり進路選択の時が来ました。ユウは仲のいい友達と一緒の高校に進みたいという気持ちがあったようですが、現実は難しく、学力的にも養護学校（高等部）を勧められました。養護学校の作業体験にも参加しましたが、何か違うと感じたようで迷った時、久しぶりにゆめの森こども園に遊びに行き、また生き生きとゆめの森こども園に顔を出すようになりました。

小学生の頃に言っていた「将来はゆめの森こども園で働きたい」という気持ちが

再び蘇ってきたようで「社長（前島さん）の下で働きたい。社長が言っていたことや社長の気持ちがすごく分かってきた。オレと同じような気持ちの子を助けたい。人のために役に立ちたい！」そう強く言ってきたのです。

スタッフの皆さんの様子を見ていたり、前島さんと過ごす中でユウの気持ちが固まっていくのが親としてもすごく分かるようになりました。「合宿」として他の中学生とともに前島さんと古民家に寝泊まりをしたり、沖縄にも連れて行ってもらい、ユウは家でもさらに大きな変化を遂げていきました。

①早起き出来るようになった②食事後の食器洗いをするようになった③洗濯物を上手にたためるようになった④毎朝しっかりゆめの森こども園に出かけていく等、家族で驚いている事がたくさんあります。

この春から通信制の高校生になり、ゆめの森こども園のスタッフさんのサポートのお陰でレポート提出も期日に間に合い、自信をつけています。ゆめの森こども園のような場所が全国に出来て、たくさんの子どもたちがユウのように救われることを心から願っています。

自信がなく、人前に出られない男の子

今年、高校生になったユウくんとの出会いは8年前でした。小学生時代のユウくんや断薬当時の詳しい様子は『輝きを取り戻す〝発達障がい〟と呼ばれる子どもたち』の実例4（ユウキくん）でご紹介しています。出会った頃からズバ抜けた活発さを持っていたユウくんは、そのあり余るエネルギーを発散できないイライラから暴言を吐いたり、その場を飛び出したり、担任の先生の言葉や態度に腹を立てて掴みかかったり、大人の目からは思わず眉を顰《ひそ》めたくなるような姿でしたが、周囲に理解してもらえず、やり場のない強いエネルギーに、誰よりも本人が苦しんでいました。

乗り越えるチャンスを逃さず促す

ユウくんは、潜在的な自信のなさから人前に出ることを嫌い、学校の学習発表会にも出ませんでした。小3の冬、ゆめの森こども園の保護者会合同のクリスマス会で、ソー

ラン節を披露しよう！となった時も、練習から逃げて頑《かたく》なに参加しない姿がありました。

私はこの時、ユウくんが変わるチャンス！と直感し、

「ここを乗り越えないとユウは変われない！　学校の行事と違ってみんなユウを知って応援してる人たちばかりだから挑戦しよう！」

と毎日説得しました。私の執拗さに根負けしてユウくんは個別練習に応じるようになり、やり始めるとあっと言う間に上手になって、クリスマス会でみんなの前でソーラン節が披露できたのです。

　この自信が翌年の学校での学習発表会につながりました。初めは嫌がっていたクラスメイトとの練習も、毎日私と一緒にその時間だけ登校して参加し頑張りました。そして当日、体育館いっぱいの観客の前で前を向いて発表できたのです。こうした経験が今のユウくんのダイナミックな自己表現力につながっていると感じています。

　小6になり思春期の反抗期に伴い、言葉にもトゲが目立ち、自立心が旺盛になってきたのを感じたため、中学校ではゆめの森こども園を頼らず自力を試させるのが良いかも知れないと感じていたところ、ユウくんの相談員さんからもその話になり、思い切って

手放すことにしました。そして丸2年、ユウくんがゆめの森こども園に顔を出すことはありませんでした。

中3になって、ひょっこりやって来たユウくんは声変わりをしていただけでなく、言葉遣いまで大人になっていてスタッフみんなで大感動。そこから毎日のように遊びに来るようになりました。

折しも市内で続発する中学の不登校生が駆け込み寺のようにやって来るゆめ森こども園の古民家で、ユウくんも賑やかに遊んだり農業のお手伝いをするようになりました。当然、いろいろな問題が勃発する中、仲間たちとの沖縄リトリート体験、フリースクールでの合宿を経験し、ユウくんは沖縄での比嘉照夫先生との出会いもあり、微生物による農業に目覚め、大好きな音楽とともに日々を充実させています。スタッフ見習いとしてバイトも始めました。

そんなユウくんと私の日常をたまたま他の子が撮っていた笑える動画をYouTubeに編集しましたので、良かったらご視聴ください。

「なりきり交通機動隊」https://youtu.be/qoiRgAvFE2Y

■実例4

愛の欠乏感と衝動性が生む、ストッパーの効かない攻撃性を丸ごと包み込む愛で癒す

キズナくん　（当時、中学2年生）

家庭の事情で、幼少期を児童養護施設で過ごし、お父さんに引き取られるまで家庭の温もりを味わえなかったことが無鉄砲で粗暴な行動を生み、父親への思春期の強い反発心から支援につながったキズナくん。どんな行動も理解し受け入れ、どこまでも優しさで包み込む関わりが、自暴自棄から他者への信頼、自信へとつながり、明るい人生に向かい始めた。

〈キズナくんのお父さん〉

私は尼崎市生まれで、小さい時に親の離婚で母親の実家のある出雲市に来ました。中学卒業後、母親と同じ美容師になろうと美容学校に行きましたが辞め、飲食店やサービス業、長距離の大型トレーラー運転手等をして、今はリサイクル業をしています。

35歳で結婚し3人の子どもを授かりました。3年ほどで夫婦仲が悪くなり嫁の子どもへの虐待がきっかけで私も嫁に手を出し、嫁と子どもは保護され、離婚する事になり裁判となりました。判決が出るまでの4年間、子どもたちは施設で生活をしていました。結局私が子ども3人の親権者になり、子どもたちは一人ずつ、小学校3年生、2年生、1年生の順番で家に帰って来ました。

長男のキズナが帰って半年くらいで私の母が亡くなって、子どもの世話を助けてくれる人もいなくなりとても大変でしたが、子どもたちが親に甘えたい時期に6年間も寂しい思いをさせてしまったので、この先は、何があっても子どもたちに寂しい思いをさせたくなく、様々な支援を受け何とか元気に生活をしています。

今は、リョウタ君の紹介で兄弟3人ともゆめの森こども園にお世話になり、キズナは生活習慣等を正すためにゆめの森こども園の古民家で生活し、規則正しい生活が出来るようになってきました。無農薬野菜等で作る身体に良い食事を摂らせていただき、子どもたちは心身ともに健康で落ち着いてきて、本当に心から感謝しています。ゆめの森こども園のような場所が全国に出来ることを願っています。

「無条件の愛」を味わえなかった子どもの苦しみ

キズナくんとの出会いは、小学4年生からゆめの森こども園に通っていたリョウタくんがきっかけでした。リョウタくん（54頁「実例1」参照）の後輩で、リョウタくんを先輩として慕い、遊び仲間でもあったキズナくんが、リョウタくんを目指し「オレもゆめの森こども園で働きたい！」と突然やって来ました。

初対面のキズナくんは中3とは思えないあどけない笑顔で人懐こく、スタッフルームで私の前に座るなり、大きな声で「ここで働かせてください！」と言って、思わず笑いました。こんな天真爛漫な子の、どこに問題があるんだろう？と不思議に思いながらも話を聴いていくと、学校や家での粗暴で衝動的な行動に唖然《あぜん》としました。本人は悪気もなく、あっけらかんとしているのですが、そこにも幼さを感じ、また、それだけでなく心の深い部分で何かを訴えかけてくるものを感じました。

キズナくんを車に乗せ、楽しくドライブしながら小さい頃の記憶に触れていくと、サラリと話す言葉の中にお母さんへの憎しみにも近い怒りの感情が見えてきました。さらにギフテッド（天から特別な感性を与えられた子ども）の「忘れっぽい」という特性とは裏腹に、3歳で施設に預けられた時のことをよく覚えていて「オレ、預けられる時に泣かなかったんだ」そうポツリと話してくれました。

後先を見ない、その場の感情的な衝動性は、赤ちゃん時代にすっぽりと包み込まれる「無条件の愛」から離れていたことに起因していると感じました。

それは、ご両親が悪いわけでは全くありません。当時はどうする事も出来ず苦しんだお母さん、お父さんだったと思います。可愛い盛りの我が子を手放さなければならない状況をどれほど悔やみ、ご自身を責められたかと思うと、やり切れない気持ちになりました。

親子の信頼関係を切ってはならない！

お母さんと別れ、キズナくんが小3の時、「もう二度と子どもたちに寂しい思いはさせない」と固く決意し、施設から引き取り、男手一つで会社を経営しながら夕飯を作り、家事をこなしてこられたお父さん。そのお父さんが再び子どもたちを手放す選択で悩まれていることを知り、何とかしなければ！と思いました。

思春期を迎えた子どもたちは物欲を満たし自由奔放な生活で、叱るお父さんに反発し、夜遅くまで家に帰らなかったり、時には補導されることもありました。

「子どもたちは自分が育てるより施設に預けたほうが健全に育つのでは……」

そんなお父さんの気持ちを知ったキズナくんは

「もうどうにでもしてくれ！」

と私に気持ち話してくれました。

いつにない険しい表情のキズナくんに
「今まで辛かったね。キズナはよくがんばってきたよ。でもね、お母さんもきっと心の病気で苦しくて、キズナたちを大事に育てたかったけど、それが叶わなかったんだよ。そんなお母さんの分までがんばって育てようと決心してやってきたお父さんを、ここまで悩ませたキズナはどうなんだろうね」

そう話すと、素直に頷き
「そうだね」

と言いました。

このまま施設に預ければ、今度こそ子どもたちとお父さんとの信頼関係は切れてしまいます。「何としても親子で幸せになって欲しい」その思いからお父さんと面談し、「私が見れる日はキズナを古民家で預かってもいいですか？」そう提案しました。「そんなこと本当にいいんですか？」お父さんは驚かれましたが、快諾くださり、一旦お預かりすることにしました。

ともに暮らして生活習慣を身につける

生活リズムを立て直すポイントは夜の過ごし方です。家では深夜までゲームをしたり、携帯電話で友だちと話したり、YouTube はヤクザものやアダルトっぽいものを好んで観ていたため、そこを大きく変える必要がありました。

キズナくんは古民家に泊まることをとても喜び、なぜそうするかもしっかり納得できていたので、まずは携帯電話を手放すことを約束。かなりの依存が見て取れていたので、どうかなと思いましたが、意外にも執着はなく、テレビもないなか、私との会話を楽しみ満足そうでした。

ただ最初のうちは眠りにつくのに時間が掛かり、小さい子のように側に付いて布団をトントンする事でスーッと眠るという姿を見て、やはり安心感がすべてにつながるのだなぁと実感。「寝起きが悪い」というお父さんの一番の悩みも、布団を引っ剥がすのではなく、「おはよう」と優しく声を掛けて頬を撫で「起きれるから起きてごらん」と言うとモゾモゾしながら起きてきました。

こうした関わりの中で心が落ち着いて安定してくると、暴言や荒っぽい行動が徐々に減っていきました。他にも課題はありますが、自分が大事にされているという実感が持てれば、あとは一つひとつ丁寧に教えてもらうことで基本的な生活習慣や人としての大事な部分は身についていきます。そんな姿をスタッフたちにもたくさん褒めてもらい、「やれば出来る！」と自信がついて、それまで見えなかったこの先の人生を見つめることが出来るようになってきています。

キズナくんだけでなく、他にも家庭の事情で預かる子が出てきて、古民家はボランティアの合宿所になってきましたが、通園だけでは解決しない問題の糸口が見えてきた気がして、今後もこうした合宿型のフリースクールを実践していく必要を感じています。どうぞ今の社会が生み出している苦しむ親子を救うために、活動を応援してください。

■実例5

安心して過ごせる居場所で静かに自分軸を育てる

ココミちゃん　（当時、中学2年生）

不登校を決めた子どもの気持ちを丸ごと受け入れたお母さんの「覚悟」が子どもに伝わり、安心と安定感で成長している子。思春期は、安心をベースに豊かな体験、いろいろな人とのコミュニケーションがあれば、揺るがない自分軸が育っていく。

〈ココミちゃんのお母さん〉

私は、生まれも育ちも出雲市で、高校に進学したものの、学校へ行く意味を感じられず中退を決め、バイトの日々。アパレル販売職に就き、20歳で結婚、長男の出産とともに退職。長女のココミ、次男が産まれ、子どもが3歳までは働きたくない！と夫に宣言し、専業主婦の生活でした。縁あってテルミー（温熱療法）を学び、療術資格を取得。その後、離婚したのは長男小3、ココミが小1、次男5歳の頃でした。

離婚を機にフルタイムで働き始めましたが、小6になった長男が不登校となり、学校に行けない息子の対応が出来ず退職。実家に帰っていた私は自宅でテルミーの施術業をやろうと決めました。

お兄ちゃんの時は、何としても学校に行かせようと口論やもみ合いの喧嘩もしました。妹のココミが学校へ行かなくなったのは中学校1年生が半分過ぎる頃でした。私は小学生の頃のココミに何の疑問も抱かずにいましたが、一つだけ気になるところがありました。それは小学校の宿題で出された課題をきっちりやるまで寝ない事でした。

遅めに始めると夜中の12時を過ぎる事もあり、「宿題やらんでいいよ。先生には体調不良で母ちゃんが宿題しなくていいと言ったって言っとくから」と何度も言った事を覚えています。ノートを見てもすごく綺麗に内容をまとめていて、私には到底真似できないくらいでした。今にして思えば日常生活の中で、母である私の「無自覚の不機嫌さ」「～ねばならぬ」の精神が無言の圧力になっていたと思います。

兄の不登校を経験した事と自宅で仕事をするようになった事で心に余裕が持てるようになり、ココミが家で過ごす時間が続くようになった時には日中の空いた時間で一緒にカラオケにはまりました。2年生になり、登校できるようになりましたが、また2学期あたりで行かなくなり、学校外の少人数の教室でも過ごしましたが、3年生になると学校にも教室にも行かないとココミが判断しました。

私は、何とかココミが過ごせる居場所を探そう！とインターネットで調べて、ゆめの森こども園の情報に出合いました。前島社長とお話しさせてもらう中で、あ～これでよかったんだ！と不安が安堵へ変わったのを覚えています。私の中にこれだけ不安があったんだから、ココミはどれだけ不安だっただろうかと振り返ることが多くありました。その翌日から通わせてもらい、いろいろな人との出会いや行ったことのない場所、いろいろな体験を通して経験を積ませてもらっています。

ゆめの森こども園で過ごすにつれて、ココミは自分主体で物事を見るようになったと感じます。何かに遠慮して答えを決めたり、周りに合わせようとしたりせずに、「ありのままの自分」に戻してもらっている、そう感じます。〝居場所〟があるって本当に有難いです。

食生活の意識も変わり始め、今ではスナック菓子などの間食もしなくなりました。私は食養生の勉強もしていたのに自分の心の余裕の無さから活用できていませんでしたが、ゆめの森こども園に通うようになったココミのお陰で今は楽しく、改めて食生活を意識しています。前島社長やスタッフさんの「本気の大人の背中」を見せてもらった事は、ココミにとっても私にとっても人生の大きなターニングポイントとなりました。

「学校に行かない」と自分で決めた女の子

中学校で不登校になったココミちゃんの居場所を何とか探したい！とお母さんがネッ

ト検索からゆめの森こども園を見つけ、母娘でご相談に来られたのが、ココミちゃんとの出会いでした。これまでの事について、静かにお母さんが話す隣で、微動だにせず黙ってじっと話を聞いているココミちゃんが印象的でした。

これまで出会ってきた思春期の子たちとはタイプが違い、どこかどっしりと構えていて、不登校になる感じがしません。私の質問にもしっかり目を合わせて答え、お友だちとの関係に悩んでいる様子もなく、ただ「学校」という場の雰囲気に馴染めず、「行きたくない」という気持ちを正直に表わしてきた子なんだなぁと感じました。

確かに今の学校は、コロナ感染を恐れるがあまり、暗黙の中で自分を閉じ込めておかなければならず、子どもたちが伸び伸びと友だちと関わる場も自己発揮する場も、ないに等しい環境です。本来なら、そんな窮屈で苦しい場所には行きたくないというのが、すべての子どもたちの本音だと思いますが、多くの子どもたちが、大人たちの「学校には行くべき」という観念に逆らうことが出来ず、本来の自分を表現できないまま毎日登校していると感じます。

そんな中で、ココミちゃんのように「行かない」と自分で決めて、お家で焦ることなく過ごせていたことは、今の社会ではすごいことなのです。このすごさこそ、「丸ごと受け入れられる愛」が生み出すものだと思います。

自分らしくいられる場所を子どもたちに

面談の翌日から古民家に通うようになったココミちゃん。

当分の間は、大家族のような賑やかな雰囲気の中で物静かに過ごし、スタッフに話しかけられると答えるという様子でしたが、小学校から顔見知りだった同級生のモモちゃんと話すようになって、徐々に様子が変わってくると、本来のココミちゃんが現われてくるようになりました。

笑顔が増え、おとなしいながらも人と関わろうとする気持ちが見て取れるようになり、県内外での活動イベントにも進んで参加し、昨年秋の沖縄リトリートにも迷わず参加を表明。今ではスタッフとのやり取りの中でも面白い表情や発言で大笑いさせてくれたり、女の子たちとアップテンポのダンスを練習して楽しんだり、私が出雲にいる時は他の中学生たちと一緒に古民家に泊まって楽しそうです。

小学生たちとも一緒に遊んで面倒を見てくれるので「将来はスタッフになる？」と聞くと「うん！」と頼もしい限りです。

ココミちゃんが同居しているおばあちゃんは助産師さんで、地域の妊婦さんや産後のママのケアをしておられますが、お母さんとともに家庭の中で子どもたちを丸ごと受け止めておられ、こうした大人の心のゆとりがどれだけ子どもの未来を大きく拓くか知れません。

ココミちゃんのように、多くは話さないけれど、素直でブレない軸を持っている子に毎日自分らしく楽しめる場所があれば、やがて持って生まれた才能を存分に発揮し、魂で計画してきた人生を思い切り楽しめると思います。

一日も早く、すべての子どもたちがそんな素敵な人生を送れる社会になって欲しいと心から願い、活動を続けていきたいと思います。

■実例6　ゆめの森こども園に移住してきた子ども

「何があっても親子の人生を守り切る」という決意と覚悟の行動で、幸福の扉を開く

リュウセイくん　（当時、小学5年生）

愛知県から修羅場の日々に苦しむ母子を受け入れて4年。長い目での見守りと本気の関わりで、共依存の母子関係を立て直し、幸せな人生に導いている。

〈リュウセイくんのお母さん〉

愛知から移住してきて4年が経ちました。緊迫するコロナ禍をリュウセイと2人電車に乗って出雲に辿り着いて以来、昼間は親子でゆめの森こども園で過ごし、私

はパートとしても働かせてもらっていました。

2年が過ぎた頃、前島先生から「そろそろ親子の自立のために他の職場で働くことを考えよう」と提案され、当時の私はその意味が全く理解できず動揺しましたが、先生とじっくり話し、リュウセイと私自身の成長のために先生の言う通りにやってみようと思いました。

でもやはり他の職場に行くことは考えられず、代わりに趣味の絵で少しでも生計を立てられないかと考え、自宅でたくさん絵を描いたり、いろいろやってみましたが上手くいかず、それでも外で働く気持ちにはなれませんでした。

思春期を迎えたリュウセイは、昼間を私と離れて過ごす生活には慣れたものの、心の状態は山あり谷ありで、落ち着いたと思ったら爆発の繰り返しでした。どうしても困った時は、前島先生やスタッフさんに家まで助けに来てもらいながら、乗り越えました。

一進一退を繰り返す中で、ある時先生に「ちゃんと覚悟を決めて、思い切って外で働いてごらん」と言われ、一瞬にして目が冷めました。私が不安や恐れを乗り越えて、もっと前向きに強くならないとリュウセイも変われない！と気づいて、ゆめの森こども園に執着せず、他の職場で働く！いや働きたい！と気持ちを切り替え、翌日から本気で仕事を探しました。そしてすぐに見つかった職場で今は毎日楽しく働いています。そんな私の変化にリュウセイも何かを感じ取ったのか、少しずつ変わり始めました。

まだまだ対応の難しさはありますが、それでも以前のように路頭に迷うことはなく、「大丈夫‼」と強い気持ちで向き合えるようになりました。出雲に来て、本当にいろいろな事がありましたが、一つひとつ乗り越える度に気づきがありました。

私は何かある度に、ああしたからこうなったのかな？あの時のあれがいけなかったんじゃないか？だからこうしたら……と頭で考えてばかりいました。でも今は、すべて自分の思い通りにはならないし、思い通りにするものでもない。リュウセイにも「明日が来るのは当たり前じゃないから、今、楽しい時間をたくさん過ごそうね」と話しています。

何度も死にたいと思うほど辛い時がありましたが、泣きつくしたあと、生きたくても病気や事故で死んでしまう人のことを思えば、自分は生きているだけで幸せなんだと考え直し、気持ちを切り替えて楽しもう！とがんばれています。

今は、とにかくゴチャゴチャ考えず、目の前のことを楽しむ！自分に正直に、楽に生きよう！と思っています。

出雲に来て感謝することが本当に増えました。その出雲に呼んでくれた前島先生、支えてくれるゆめの森こども園のスタッフさん、そしていろいろな思いのあった両親にも今はただ感謝です！これからもいろいろあると思いますが、人生を楽しみます!!

移住を受け入れ、関わりがスタート

とある土曜の朝の一本の電話から、ゆめの森こども園に新風が吹き込むこととなりました。愛知に住む知人から「助けてあげたいお母さんがいる」とご縁がつながりました。

園にお母さんからお電話があったとのことで折り返すと、リュウセイくんを巡ってご家族で大変そうな様子。その場は少しお話ししてすぐに電話を切りました。その夜、お母さん、リュウセイくんとゆっくりお話して一安心していたのですが、翌朝、一変した様子で電話があり、お母さんの泣き声とおじいちゃんの怒鳴り声、リュウセイくんの叫び声で尋常でない状況が伝わり、お母さんの「助けてください！」という悲痛な叫びに「出雲に来る？」と声をかけていました。「今日行っても良いですか?!」お母さんの切羽詰まった声に覚悟を決めました。

改札を出て来た2人を見た時、思わず胸がいっぱいになり両腕を広げ抱きしめました。それから二晩古民家でともに寝起きし、食事と関わりのサポートをしました。電話口の様相とは全く違い、とても落ち着いているリュウセイくんに、私以上にお母さんが驚かれました。「ここ（出雲）でやっていきたい！」お母さんの心はすぐに固まり、心配されるご家族を説得。出雲での生活がスタートし、朝から親子でゆめの森こども園に通う日々が始まりました。振り返ればあっという間でしたが、そこにはいくつものドラマがありました。記憶に残るエピソードをご紹介します。

覚悟を決める、そして「何があっても守る」

まずは食の面からです。リュウセイくんの心の安定を図るためにミネラルたっぷりの食事を摂りはじめ、リュウセイくんもしっかり食べていたのですが、丸一日が明けた月曜日の朝から異変が起こりました。お腹が痛いと言って元気がなくなり、噴水のような嘔吐が始まったのです。おさまったかと思うとまた吐くという繰り返しで一瞬慌てましたが「好転反応」と直感し、スタッフと「大丈夫、すぐに良くなるからね」と安心させながら水分補給し、気分をリラックスさせるためにお風呂で行水したり、クロレラでしっかり栄養補給しました。5回6回と続いた嘔吐も午後には落ち着き、夕方には元気に外で遊ぶまでに回復しました。

関わりの面からは、お母さんと2人きりの生活が始まると、以前の暴言、暴力が始まりました。ある日、お母さんからの電話で飛んでいくと、蹴ったり引っ掻いたりしてお母さんの胸元は血だらけで、リュウセイくんが正気を失っているのが分かりました。

意を決し、横倒しにして太腿を3発、思い切り引っ叩きました。ハッ！と我に返ったリュウセイくんに畳をバン！と叩いて「座りなさい！」と正座をさせ

「何でこんなことするの！」

「だって、お母さんが言うことを聞かないから、だって、だって、」

と不満を口にしようとするリュウセイくんの頬を両手で挟んでパチン！

「お母さんがリュウセイを守ってくれているんじゃないの？お母さんはリュウセイを命懸けで産んだんだよ。そのお母さんを大事にしないなら、出雲に来た意味はない!!」

私の目をじっと見ていたリュウセイくんの目からワッと涙が溢れました。そっと抱きしめ

「前島さんのお話が分かる？」

と耳元で囁《ささや》くとウンと頷《うなず》き、その一部始終を見ていたお母さんも泣いていました。今の社会では、虐待と呼ばれる体罰行為です。しかし、この行為がなければ、子どもは歪んだまま育ってしまうことがあるのです。

覚悟を決める。何があっても子どもの人生を守る。それは親御さんを守り幸せにする

ことです。その一心でここまで来ました。

今も一歩一歩ですが、リュウセイくんとお母さんは見違えるほどの変化を遂げています。全国には片親で子育てに苦悩している親御さんが大勢おられます。そんな親子も地域の人々と支え合い、生き生きと暮らせる理想の村づくりをしよう！と決意。一般社団法人グランドマザーを窓口に『全国クラスピア※構想プロジェクト』がスタートし、北海道から沖縄まで素晴らしいメンバーが集まって来ています。

※「クラスピア」の語源は「暮らす、class（自然を学ぶ教室のイメージ）」＋「ユートピア（理想郷）」

■実例7　ゆめの森こども園に移住してきた子ども

不登校の子どもの希望で移住を決めた母子の支援で、見違えるほどの成長と可能性を引き出す

りっちゃん　（当時、小学2年生）

神奈川県からの見学で、完全不登校の我が子が「ここに来たい！」と言った一言で親子で移住。自然な環境と暮らしの体験を親子で楽しみ、学校のかわりに古民家ゆめの森こども園に通う毎日の中で、弱々しかった子どもの心は逞しく、生き生きと成長していった。

〈りっちゃんのお母さん〉

私は2023年の5月に神奈川県から娘を古民家ゆめの森こども園に通わせるために母子で移住してきました。きっかけは前年秋の見学でした。小1の最初の20日ほど

で登校することをやめた娘と、未就園児の息子と過ごす時間はとても学び多く貴重な経験でしたが、私自身の体力と気力がついていかず、3週間ほど四国、中国、九州の知人を訪れたり、各地のフリースクールを見学させていただく中での出会いでした。

私自身、2019年から神奈川でオーガニック給食の普及活動を行なっていたので、前島由美先生のご活動や国光美佳先生のことは存じており、国光先生の講演会は何度か主催もしていました。前島先生は、私の理想〝生きとし生けるすべてのものが輝きを放ち、調和・循環している社会〟を具現化しようとされている憧れの存在で、地元でも増えている不登校になる子たちの居場所づくりの参考にしたいと考えていました。

出雲に移住し、通うことになるとは想定外でしたが、3歳から自然体験を基調とし、五感を開き、主体性を育む森のようちえん系の共育で育まれた彼女の自己決定は、一度「行く!」と決めたら終始不動で、私も夫も驚きを隠せませんでした。夫と話し合いを重ね、まずは思い切って母子で移住する事を決めました。

神奈川では不登校になってからもクラスのお友達がよく遊びに来て楽しく過ごせ

ていたのですが、それでも学校へ行きたくない理由は①変なにおいがする②先生の怒る声や放送の音がうるさくて頭が痛くなる③授業は子どもたちの意見（声）を聞かずに予定や伝達で終わってしまう④もっと続けてやりたい事も時間で区切られるから集中できない、などでした。

①②は胎児の時からの性格でお腹の中にいる時から「このにおい嫌いだから早く帰ろう」とか「ママ、換気扇の音がうるさいから消して」などと指示されておりました（笑）。今でこそ、化学物質過敏症や香害という言葉が社会的になりましたが、当時は「神経質な子」くらいに私自身も見ていました。

また、私は実父からの性虐待やその後父が患った躁鬱《そううつ》病の薬の影響で家庭が崩壊寸前だった経験から、子どもを産んではいけない、この血をつないではいけないと思っていました。しかし「胎内記憶」の第一人者である池川明先生が出演されている映画『かみさまとの約束』を鑑賞する機会があり、考え方が変わりました。そして、娘を授かって池川先生のお話会に参加し、先生が「今、地球にやってきている子どもたちの中には地球を救うために他の星から来ている子も増えているから、地球（社会）に適応しにくい子も多い」と話された瞬間、お腹の娘が私のお腹を力強く蹴ってきたのを今でも覚えています。

娘は移住後すぐにゆめの森こども園に通い始めていますが、最初は、学校の教科書に沿った勉強時間がなく、ただの居場所という環境に内心不安を隠し切れなかったのですが、その不安はすぐに払拭されました。（ここにいていいんだよ！）と前島社長はじめ、スタッフさんたちが自信を持って受け止め、無条件の愛で包み込んでくれるやさしさと、やりたいことを思い切りやらせてもらえる開かれた環境、そしてミネラルたっぷりの手作りごはん。娘は今、言葉の違う出雲でも大きく成長しています！

以前はちょっとした事でも発狂したり泣いてしまう娘でしたが、徐々におおらかになり、嫌な時も荒れず、心の内を言葉に出来るようになったことは大きな変化です。また、ゆめの森こども園では発達障がいとされる小学生～高校生までの異年齢の子たちが兄弟のように自然なコミュニケーションを取っています。そして、普段は過敏性から粗暴になってしまう子が、死にそうな虫を見つけると自宅に連れて帰り元気になるまで飼育したり、下品な言葉ばかり発して動き回る子が、好きな図鑑はすべて記憶していたり、すごい絵や作品をたくさん残していたりと、今の学校ではなかなか見出されない一人ひとりの素敵な個性を引き出してくださっているのも、大家族のような温もり溢れる環境ならではと感じています。

子どもは絶対的に安心できる場所があれば、想像力と創造力を身につけ自ら立派に成長できる！と確信が持てました。そしてそんな子たちこそ、次世代のパイオニアになっていくのだと信じています。

「ゆめの森こども園に通う」と移住してきた女の子

一昨年の春ごろ、りっちゃんと弟とお母さんが神奈川や他県の方々と古民家に見学に来られました。上目遣いに周りの様子を気にしながらも、古民家のままごと道具で楽しそうに弟と遊ぶりっちゃんの姿に特に気になることはありませんでしたが、お母さんからの話でりっちゃんの過敏性を理解しました。

後日、お母さんから改めて連絡があり、りっちゃんの強い意向で家族と相談。母子で出雲に移住し、ゆめの森こども園に通わせたいと相談がありました。正直、その決断の速さと行動力に驚きましたが、子どもの心の内側を大事に受け止め、それに寄り添う大きな決断をご家族でされた事に感動し、受け入れの準備を進めることにしました。

そして一年後の昨年の春、湘南ナンバーの軽トラ型普通車に最低限の生活品と荷物を積んで出雲にやって来たりっちゃん親子。最初は古民家の空き家を借りて、ご近所の方々の温かい生活支援を受けながら新生活がスタートしましたが、お家が古すぎたり、広すぎたりで引越し。今は、お母さんの仕事も見つかり、弟も幼稚園に元気いっぱいに通い、安定した毎日を送っています。

りっちゃんは「ゆめの森こども園に行きたい！」と切望してくれた通り、すぐに慣れ、今では古民家ゆめの森こども園のアイドルで、みんなの癒しです。それでも当初は、新しい環境に不安を隠せず、お母さんと離れづらかったり、他の子のちょっとした言葉や態度に傷ついて涙が溢れるシーンもありましたが、「大丈夫、大丈夫！」とスタッフが笑顔で抱きしめたり、相手の子も「ごめんね」と素直に謝ることが出来て仲良くなり、今では自分の思ったことをみんなの中でもはっきり言える、しっかり者のりっちゃんを発揮！　もうすっかり大家族の一員です。

子どもの「生きる力」が育まれる場所を

そんなりっちゃんはとにかく発想力が豊かで手先が器用、「工作の名人」です。短時間に作るその作品には目を見張るものがあり、今から将来が楽しみです。先述のお母さんの手記にもあった「りっちゃんが学校に行かなくなった理由」は、いま増え続ける不登校や、学校に行きにくい子どもたちに共通しています。真の学力は「生きる力」であり、テストで高い点数を取る事ではありません。安心して過ごせる環境の中で、生きていく力を体験から身につけていくことが出来れば、子どもたちはみんな持って生まれた才能を開花させ、それを活かして生きていくようになります。そんな居場所が新しい時代の学校（楽校）になれば良いなぁと思っています。そして、そこに一番大事なものは、大人たちの笑顔と優しい言葉がけだと思っています。

思春期を迎えた子どものお母さんたちの手記

ゆめの森こども園と出合い、発達障がいと呼ばれる特性や感覚の過敏性を持つ我が子が日々成長していく中で、親としても学び、逞しくなったお母さんたちが、今を生き生きと過ごす思春期の我が子について書いてくれました。

ハルヤくんのお母さん

小学1年生から3年生まで、ゆめの森こども園に通い、大きな成長を見せてくれたハルヤくん。お父さんの転勤で卒園し、滋賀県に引っ越した後の壁も乗り越え、現在は嬉しい限りの毎日を送っています。

ハルヤは小さい頃から場所見知り、執着、偏食、多動、言葉の遅れなどで悩むことは多かったのですが、出雲での前島さん、ゆめの森こども園との出合いや、国光美佳先生との出会い、保育園、ご近所付き合いをいただき、食事がいかに大切かということも学びました。どの出会いからもハルヤと私たちは助けられ、成長させてもらった5年間でした。

ハルヤが年中から小3までお世話になった出雲を離れ、主人の転勤で滋賀県へ引っ越すこととなりました。出雲での小3時点では安定した生活を送れていたし、何より成長したから大丈夫だろうと、環境の変化をとても軽く見ていました。

でも、すべてが新しくなり知らず知らずのうちにハルヤに急なストレスがかかっていました。注意してくれる先生、スクールガードの保護者さんさえも敵に見えたのか、暴言が出始めたり、自分は生きていたくないと言い出したり、学校から飛び出す、空き部屋に閉じこもる、パニックになるなど、学校から呼び出されることが多々ありました。出雲の学校に比べて児童数も多く、支援学級の児童もとても多かったので、仕方のないことですが、出雲の環境とは違いすぎました。

薬を勧められたのもこの頃です。こんなに学校や家でも落ち着かず、周りにも迷惑をかけるなら、ハルヤ自信が少しでも楽になれるのなら、と服用をスタート。びっくりするほどの少量の粉薬でしたが、翌日から効き目があり、学校でも落ち着いて過ごすことが出来たため、すごい！と思う反面、怖さがあったこともよく覚えています。

半年ほど服用した頃に前島さんから突然の電話があり、薬の怖さを再確認。そこから食事の強化をしながら、計画的に断薬を進めていきました。断薬が完全に落ち着くまでの数ヵ月はまた以前のようにパニックや教室から飛び出すこともありましたが、学校の協力も得ながら何とか乗り越えることが出来ました。

その後、小5からは一度も発達外来を受診せず、今、充実した高校生活を送っています。過去、人となかなか目を合わせられない、他人に興味がないという幼児期の療育相談で、「この子は、将来お友達が出来るのでしょうか」と恐る恐る質問したことがあります。その時の回答は、「一緒に遊ぶ、話が合うような一般的な友達という感じではないかも知れないけど、一緒にいて何となく居心地が良い友達が1人くらいは出来るかも知れない」と言われました。その時のショックはとても大きかったですが、今では買い物やテーマパーク、映画、公園、お祭り、ゲームなど、一緒に楽しめるお友達がたくさん出来ました。養護学校の中学部に進学してからは、目指したい先輩、一緒に協力、切磋琢磨できるクラスメイトが出来、恋愛相談、トラブル相談などもお友達や先生と話して大なり小なり何とか解決するようになりました。

納得がいくまではイライラしたり、不安になったりと時間がかかることもありますが、一つひとつ潰しながら、妥協も覚えながら解決しています。

また、電車好きのハルヤは、小6から一人電車旅にもデビュー。旅先で入館したい資料館が閉館時間になってしまっていたり、道に迷ったこともありましたが、困った時は家族にヘルプの電話をかけたり、道行く人に質問したり、その都度クリアしています。今では自分で行きたい場所、金額を調べ、1日の計画を立てて出かけることが趣味となりました。


県の陸上競技会に出てみたことをきっかけに、陸上競技の中距離も趣味の一つとなりました。今は強化選手として県の練習に参加しており、2年後に滋賀県で開催される全国障害者スポーツ大会への出場を目指しています。高2の夏休み中に行なわれた職場実習では、部品の解体、仕分けなどの作業を5日間やり遂げました。

7年前(小4)には、この今のハルヤを想像することは出来ませんでした。薬に頼っていたあの時の私に、使わなくて大丈夫！使わなくてもしっかり成長するよ！と教えてあげたいくらいです。逆に、あの時から服用を続けていたら一体どうなっていたのだろうと。
今までハルヤや私たち家族に関わって下さった方々、環境には感謝しかありません。大変だった時期もすべて必要な期間で、今につながっていたと確信しています。

シオンくんのお母さん

「ウサギ、殺していい？」そう毎日聞いてくるほど、お母さんの愛に飢えていたシオンくん。ゆめの森こども園のスタッフとして迎えたお母さんの心の変化が、見事にシオンくんの安定した心を取り戻し、今は親子で喜びいっぱいの毎日を送っています。

息子のシオンがゆめの森こども園に通い8年が経ちます。
そして、私がゆめの森こども園のスタッフとして働くようになって7年が経ちました。我が子を預けながらスタッフとして働き始めた頃のことを前島さんの著書（『輝きを取り戻す〝発達障がい〟と呼ばれる子どもたち』）の中で綴っていますが、今は母子家庭を卒業し、昨年には新しい兄弟が誕生してあの頃には全く想像もつかなかった幸せ一杯の生活を送っています。そして当時8歳だったシオンは16歳になり、生きてきた半分をゆめの森こども園で過ごしたことになります。

ゆめの森こども園で薬を卒業し、食を見直し、親子関係も深まりましたが、今は思春期を迎え、親子で新たな悩みに向き合っています。高校生のシオンは学校で自分のイメージを作ってしまい「明るい、面白い、元気」というイメージを崩すと周りに心配をかけてしまうと思い、無理をしてきたようで、行き渋るようになりました。

しかし、親である私は、つい先のことを考え、無理をしてでも学校に行かせようとしていました。行ったり休んだりの毎日。そんな時、ゆめの森こども園の中高生を沖縄に連れて行く機会を前島さんが作ってくださり、本人に聞いてみると行ってみたいと言うので参加させることにしました。

急きょ前島さんとは那覇空港での合流になり、対人関係が苦手な息子が子どもだけで飛行機に乗ることを心配しましたが、本人はケロリとしていて驚きました。

初めての沖縄での経験は本当に楽しかったようで、貴重な経験をたくさんさせていただきました。中でも一番驚き、感動したのは、コロナ禍以来、ずっと外せなかったマスクを沖縄では外して過ごしていたことでした。そして沖縄から戻ってもマスクは付けず、人前でも顔を見せて過ごせるようになり、嘘のようです。

また、ゆめの森こども園でも一緒に過ごす事が少なかった同年代の友だちの輪の中に入り話をするようになりました。本当に嬉しい変化ばかりが見られ、前島さんや沖縄の方々に感謝してもしきれません。その後、登校についても親子で話し合い、しんどい日は休み、ゆめの森こども園の手伝いをすると本人が決めました。

前島さんに「本人に決めさせる事が大事」と言われた時、今まで将来のためと親の意見を押し付け無理をさせていたんだなと気づきました。自分で決めてからのシオンは、ゆめの森こども園で生き生きと過ごし、自ら農業をしたり、年下の子の相手をするようになりました。私自身も親として、ゆめの森こども園に出合っていいなければ、子どもにこんな対応が出来るようにはなっていなかったと思います。

全国には、子どもたちへの関わり方に苦悩している保護者さんや、心の行き場を失い苦しむ思春期の子どもたちがたくさんいると思います。そんな時に少しでも相談が出来たり、話を聴いてもらえるゆめの森こども園のような場所があれば、救われる親子がどんなに増えるだろうと思うと、一日も早く全国に前島さんの活動が広がって欲しいと願っています。

ヒロマサくんのお母さん

感覚過敏の生き苦しさを抱え、不登校からゆめの森こども園で過ごすようになったヒロマサくん。家庭でも食を見直し、少しずつ安定していった先に学校生活に戻り、中学、高校と気の合う友だちと一緒に充実した日々を送っています。

前島先生の著書『輝きを取り戻す〝発達障がい〟と呼ばれる子どもたち』の実例6で紹介されたヒカルの母で、現在スタッフとしても勤めています。小学4年生からゆめの森こども園にお世話になった息子は今、定時制高校の3年生になりました。当時の息子は、感覚過敏とともに食物アレルギーや偏食もあり、とても痩せた小さな男の子でした。不登校でゆめの森こども園に通うようになり、食事の大切さも教えてもらい日々気をつけるようになって、行きにくかった学校にも通えるようになり、中3の頃からは体も大きくなり始めました。

中学校では最初の1~2ヵ月は良かったのですが、その後、教室に入ることが出来なくなりました。しかし中3の終わり頃、自分で教室まで給食を取りに行けるようにはなりました。体育祭、文化祭などの行事には参加できず、離れた場所から見るという感じで、親としては寂しさを感じる事もありましたが、それでも以前のように酷く悲しむことはなく、元気に学校に通えているんだから良しとしよう！という心持ちで過ごせるようになったことは私としての大きな変化でした。

それまでの私は、息子を周りの子どもたちと比べて、何故うちの子だけみんなと同じように出来ないのかと悩んだり、親としての自分を責めていました。それが息子の特性を受け入れ、息子らしく生きてくれればそれで良いと考えられるようになり、気持ちも楽になりました。

中学卒業後、息子は定時制高校（午前部）に入学しそれ以来、自転車とJRを利用して毎日休まず通学。中学生までの事を考えると夢のようです。惜しくも高2の時、親の都合で1日休ませてしまったことで皆勤賞を逃したのですが、自分事のように悔しがってくださる担任の先生を他所《よそ》に当の本人は「そんな事もあるでしょう」とさらっと受け流し笑っていて、あれほど拘《こだわ》りの強かった息子がこんな風に受け流せるようになったことが心から嬉しく、成長を頼もしく思いました。

高校での友人関係では、2年生までは中学時代の友だち以外と全く会話をしないという日々に心配になり、担任の先生に相談したところ、「ヒロマサくん自身が困っていなかったら、それでいいんじゃないですか?」と言ってもらえたことで気が楽になり、見守る事が出来ました。親の気持ちを受け止めてもらえることが、どれだけ支えになり、結果それが子どもにも良い影響を与えるかを痛感しました。

高3になると新しい友人も出来、ずっとやりたいと言いながら勇気が出せなかったアルバイトにもチャレンジするようになりました。本人が苦手とする接客業で心配しましたが、何とかこなしているようです。親が思うより子どもは逞しく育っていきますね。

私は元々とても心配症で不安を感じやすい母親でしたが、心配するより（大丈夫！必ず良い方向に向かう！）と、子どもの力を信じて祈ることが親に出来る一番のサポートではないかと思うようになりました。こんな心持ちになれたのもゆめの森こども園さんに出合えたからこそと感謝の気持ちでいっぱいです。

相変わらずゲームと携帯は手放せませんが、読書や映画鑑賞に興味も広がり、将来は特性を活かして、出来れば好きな仕事で社会自立して欲しいと願っています。これからも何かあれば「ゆめの森こども園がある」という心のお守りを持って歩いて行けることは幸せなことと感じています。

人としての成長を振り返るスタッフたち

ゆめの森こども園のスタッフは、パワフルで個性豊かで一筋縄ではいかない子どもたちを、毎日笑顔と笑い声の中で受けとめ、大家族のような温かな居場所をみんなで作ってくれています。お陰で私も安心して活動を全国に広げることが出来ています。そんなスタッフたちの手記をお届けします。

高橋幸乃（スタッフ歴8年）

子どもたちには「ハッシー」と呼ばれ、私は「ばあや」と呼んでいます。

ゆめの森子ども園に勤務して丸8年。それまでの保育士時代とは環境もガラリと変わり、感覚過敏を持つ学童期、思春期の子どもたちとの毎日は時々体力がもたないのではと思うほど大変な時もありますが、それ以上に元気で面白い子どもたちと気のいいスタッフに囲まれ、昭和の大家族のような賑やかな雰囲気の中で身も心も癒され、パワーをもらっています。

前島代表がいつも話す「人のご縁も起きる事も自分のあり方で引き寄せるんだよ」という宇宙の法則を思うと、ゆめの森こども園を引き寄せた自分を誇りに思います。

近年、出雲でも不登校になる小中学生が増え、行き場のない子どもたちのために代表が空き家を借りて寄付型フリースクールを開設しました。しかし簡単に寄付金は集まらず、一方で需要は高まるばかりでした。運営の厳しさは増すばかりで、それでも代表は「お金は後から付いてくるから何とかなる。目の前の子を救うことに力を注ごうね」と言い続け、みんなで信じてがんばってきました。

感覚過敏に苦しむ子どもたちは自らの粗暴な言動で周囲とのコミュニケーションが上手くいかず、イライラが増して暴れるという悪循環の中、私自身もどう関わってあげれば良いのか戸惑い、つい距離をおいたり、顔色を伺ってしまっていました。

身近で見る前島代表の24時間の本気さと、子どもたちを心底可愛がり、本気で叱り、どんな時もその子が将来幸せな人生を送るために大事なことをきちんと伝えるメリハリのある関わりを見ていると「とても真似が出来ないなぁ」と思いましたが、私なりに見よう見まねで関わりました。

なかなか効果が表われず、代表に弱音を吐くと「大丈夫、幸乃ちゃんらしく心に余裕を持って接してあげてね。徐々に子どもたちに気持ちが伝わるよ」と笑顔で言っていただきました。今は思春期で反抗期真っ盛りの中高生とも楽しく余裕を持った関わりが出来るようになり、月1回の通信高校のスクーリングの引率も私の生き甲斐になっています。

そして、ヤンチャな中高生たちが一番の成長を見せるのが、代表の実父の「学じいちゃん」の力を借りて行なう「ボランティア合宿」です。同年代の子どもたちがワイワイと寝食をともにし、食事作り、洗濯、掃除、身の回りの整頓など代表から丁寧に教えてもらうことで「やれば出来る」という自信をつけていきます。

たった1週間の短期間でも確かな成長が見られてスタッフも感心しています。あれほど手放せない携帯も、合宿中は電源を切りっぱなしで平気で過ごします。家庭の中にこうした賑やかで楽しい時間があれば、それだけで子どもたちは育つのかも知れません。こんなゆめの森こども園のような場所が全国や世界にも広がって欲しいと心から願っています。

江角たける（スタッフ歴4年）

とにかく優しくて子どもたちに大人気。2024年4月からは就労支援スタッフとして子どもたちに関わっています。

僕は今、ゆめの森こども園でEM農法や菌ちゃん農法を学びながら、主に子どもたちと農業をしています。幼少期の頃から目立つことが苦手でした。親の勧めで小学校の時にサッカーをやっていましたが、周りの視線が気になり、自分の思うように思い切りプレーすることが出来ませんでした。途中で辞めたくなり、親やコーチに話したところ、コーチから「自分の中の眠っている実力を出し切れていないから、それを出せるように最後まで頑張ってみないか?」と言ってもらい、最後まで辞めずにやり通せたことは本当に良かったと思っています。

それでも何故か自分に自信が持てないまま大人になり、ゆめの森こども園に勤めるようになりましたが、子どもが苦手で、子どもたちと接する時もどう関わって良いのかが分からず、つい言いなりになってしまったり、子どもがいけないことをした時も叱れずにいました。そんな時に社長から「子どもの将来(人生)を考えて、その子が幸せになるために叱ってあげることも本当の愛情なんだよ」と教えてもらい、その子のことを本気で考えた発言や行動をとることが大事なんだと分かりました。

そのためにはまず、僕自身が自信を持つことが課題ですが、とにかく頭で考えるより行動を起こす。農業においても失敗を恐れず、どんどんチャレンジする、ということをやっていこうと思っています。そしてもう一つ、ゆめの森こども園に来て学んだことは、コミュニケーションや気遣い（協調性）の大切さです。社長をはじめ、スタッフの皆さんは、常に子どもたちのことを考え、他者を思いやることが出来る方ばかりです。その細かな気遣いや思いやりが、子どもたちやスタッフ間で円滑な人間関係を生み、築いているのだと日々実感しています。

そんな中で僕自身も以前よりは周りが見えるようになり、人にしてもらって有り難いなと思ったことや、素晴らしいな、素敵だなと思ったことは自分も真似をして行動に起こすようになりました。そして社長がいつも言葉にしておられる「ありがとう」の大切さを感じています。「ありがとう」と言われると人はとても幸せな気持ちになります。社長のように誰にでも感謝の気持ちを伝えることが当たり前に出来るようになれば、もっと自分自身の笑顔も増えて、輝いていけると思います。僕も周りの人が幸せになれる「ありがとう」をたくさん伝えていける人になりたいと思います。

曽田れな（スタッフ歴7年）

大家族の中の優しいお姉さん的存在。きめ細やかな心配りはピカイチです。

私は小さい時からなかなか自分に自信が持てず、「自信」って何だろう……と考えていた時に、前島代表から「自分を信じる力だよ」と言われた事があります。そして、丸ごとの自分を受け入れることは、周りの人を大切にすることにもつながることを知りました。前島代表から学んだ子どもとの関わり方です。

●尻込みしてしまう子には「大丈夫、失敗するのも経験だからね」と踏み出す一歩とその過程が何より大事なことを伝えていく。

●作品などを褒める時も、目一杯褒めるだけでなく、その子の作り方や考えに興味を持って質問することで、子どもが自分を表現する喜びを味わい、自信につながったりする。

●叱る時は、ポイントを一つに絞り、大事なことを分かりやすくきちんと伝える。

●その子に課題を伝える時は「前に比べたら○○がすごく出来るようになったよ！後は○○だけだね」と伝える。子どもたちは、叱られたという気持ちより（よし、がんばろう！）とヤル気になり、さらに成長していく。

ゆめの森こども園の大家族のように包み込む雰囲気は、苦しさから力任せの言動をしてしまう子、どこか自信のなさを抱えている子、思春期を迎え、子ども心と大人になっていく心の狭間で葛藤している子など、どの子にとっても、そのままの自分でいいんだという安心感を与えるのだと思います。そんな安心感もまた自信につながっていくのかなと感じます。尊敬するスタッフの皆さんと心根の優しい子どもたちに囲まれ、日々支援のあり方を学ばせてもらっていることに感謝しています。ゆめの森こども園のような所が全国に増えていくと良いなと思います。

大塚朱乃（スタッフ歴6年）

元ゆめの森こども園に通っていた高校生。自らの苦しかった経験と、当時救われた食の力を学び生かして、頼もしいスタッフに！

私は、高校生の時にゆめの森こども園の利用者として、午前中は通信制の学校のレポートをして午後から小学生の子どもたちと関わって過ごしていました。心も身体も大人へと近づいていく思春期に、私は学校でのいじめから不登校になり、悩みが尽きず、心も身体もボロボロで毎日を生きていくのに精一杯でした。そんな時、保育園時代に弟の担任の先生だった前島さんに母が相談してくれたお陰で、ゆめの森こども園に通うようになりました。

前島さんは優しい笑顔で「よく来たね〜！」と温かく迎えてくださり、それからは安心して通うことが出来、楽しい雰囲気と毎日ゆめの森こども園で作られるミネラルいっぱいの食事でみるみる心も身体も元気になり、今はゆめの森こども園のスタッフとして楽しく働いています。

そんな中、思春期真っ只中の中高生と関わり、学校や友だち関係、将来のことや家庭でのこと等、いろいろな悩みを聴くことも多いのですが、ついその場でその子の気持ちを傷つけないよう自分の中で言葉を選んだり、一時的にその子の気持ちが済むような行動を取ったりすることがあり、(前島さんならこんな時、どう話したり関わったりするのかな?)と思った時、自分の言葉や行動はその子の先を本当に考えたものだったのかと振り返ります。

私自身が高校生の時、同じような状況で前島さんがかけてくれた本気の言葉と関わりで心が救われ元気になれたことを思い出し、今度は自分がそれをしていく番だと目覚めました。そして、前島さんがいつも話している「オープンハート」で子どもたちと関わりながら、支援者としても大きく成長していきたいと思います。

以前の私は積極的に人と関わったり、人前で自分の思いや考えを話すことが苦手でしたが、前島さんの生き方を見たり、ゆめの森こども園でのいろいろな経験を通して「自分軸」を持つ事の大切さを学び、今は少し自信が持てるようになりました。

また以前は不安症で、予定が急に崩れたりするとプチパニックになっていたのも、最近では（なるようになる！こうなるには何かの意味があったんだ。きっと大丈夫！）と気持ちを切り替えられるようになり、楽に生きられるようになった気がします。

これからもすべてのことに感謝し、ゆめの森の大家族の一員として、がんばっていきたいと思います。そして全国にゆめの森のような、子どもたちが幸せになれる居場所が増えていくよう、私に出来ることを精一杯していけたら幸せです。

第5章

「発達障がい」とその現状への理解を深める

本章では、「発達障がい」について、その増加の実態、症状（特性）と診断、その原因、現代食の落とし穴、化学物質との関係性、クスリ等について詳しく述べていきます。

講演会等で使用している資料も一部、掲載しました。

激増する発達障がい児

資料①が発達障がい児の増加率です。グラフの子どもたちは校内にある通級指導教室（特殊教育を必要とする生徒が通常学級を離れて指導を受ける教室）に通っている子どもたちがメインです。

グラフの一番下は、先天的な知的障がいや身体障がいとされる子どもの人数ですが、あまり増えておらず、ほぼ横ばいです。それに対して一気に増えているのが情緒障がいの中の各診断です。

五感が過敏なことから、学校でも様々なことに強く反応してしまい、気に障って暴言を吐いたり、じっとしていられず、教室をウロウロ立ち歩いたり、トラブルの原因を起

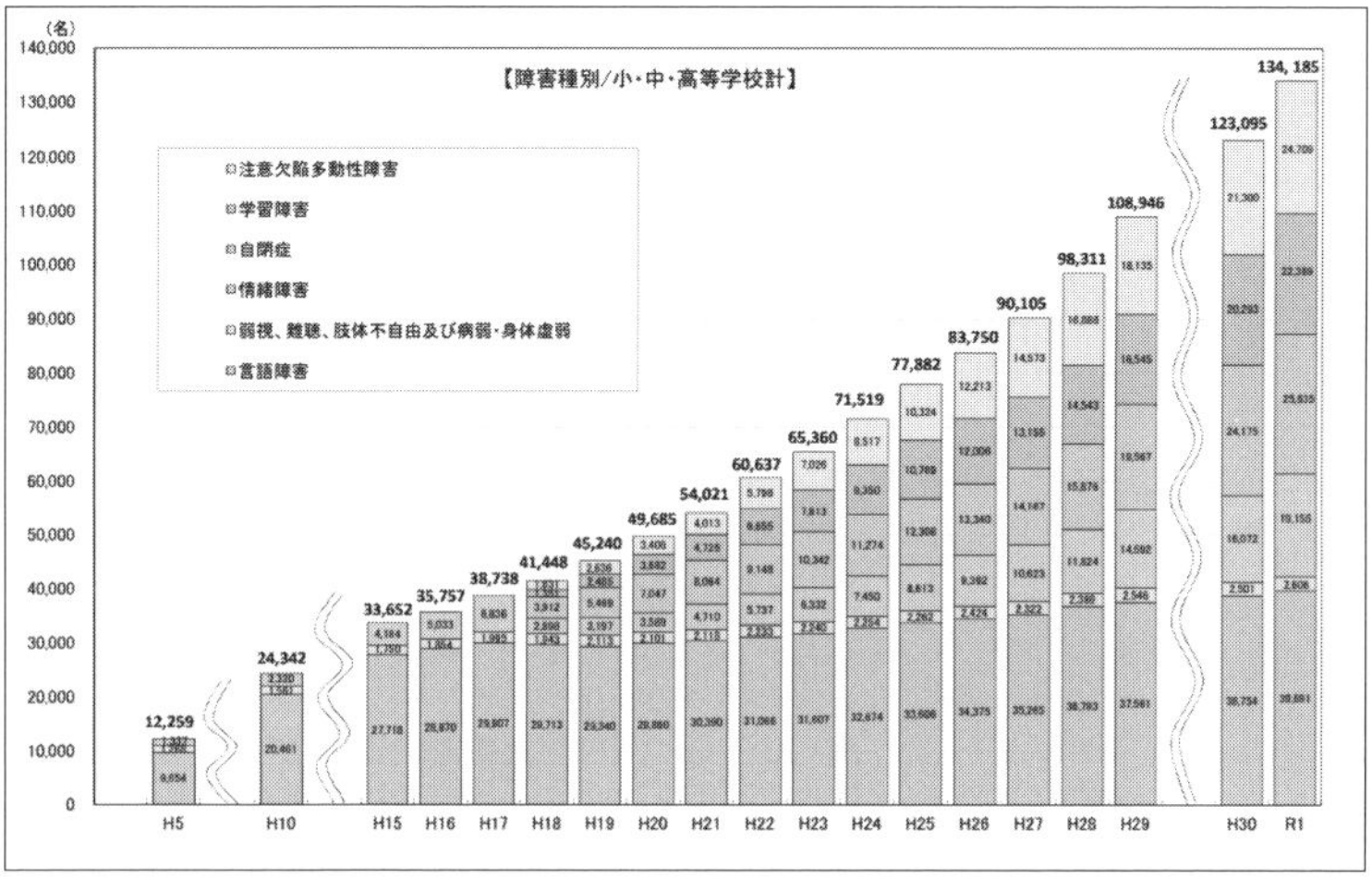

①「通級による指導を受けている児童生徒数の推移」
一番右が令和元年（文部科学省のホームページより）

こしたり等、学校では問題児とされてしまいます。そんな空気感をも敏感に感じ取ってしまうため、学校から足が遠のき、不登校へとつながります。

学校で問題になったり、不登校になると勧められ、促されるのが精神医療の受診です。現代の医学をもってしても精神の領域は分からないことだらけで、臨床すら出来ない現状だと言うことで、診断も血液検査やCT・脳波検査では不可能です。なので本人の他に保護者や教師等の支援者から答えてもらうアンケート結果を見て医師が判定します。これが診断の現状です。

ですから当然、医師個人の見解によって症

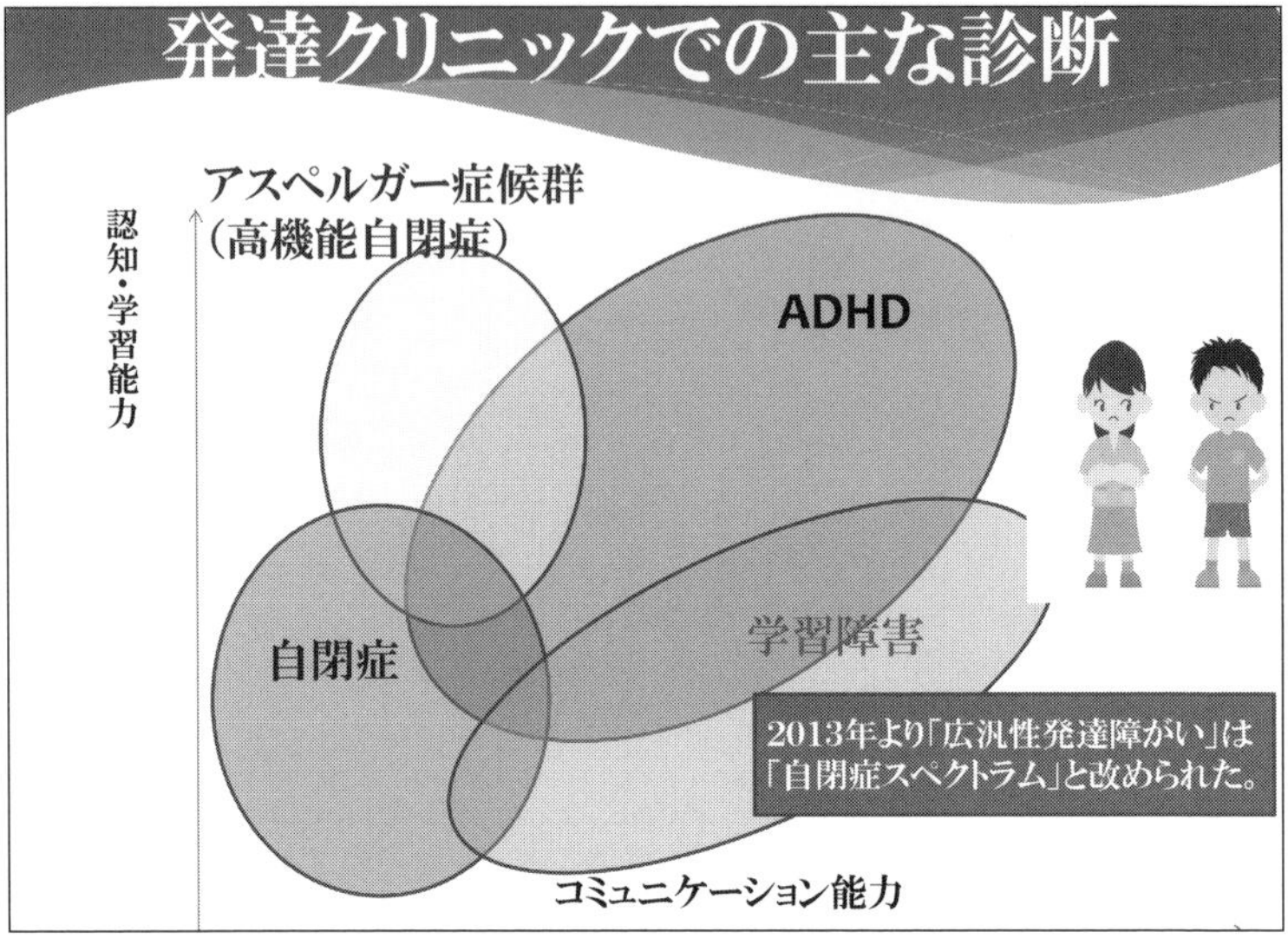

②

状で分けていた診断名が、病院（医師）が変わることで異なる……ということがよく見られていました。

２０１３年からは、複数の発達障がいの症状を含んだ「広汎性発達障がい」という診断名となり、これがさらに「自閉症スペクトラム」（スペクトラムは、虹色に変化するという意味を持ちます）へと変わり、感覚過敏から起きる精神への影響は、すべてが網羅される形で「発達障がい」と位置付けられるようになりました。

発達クリニックでの主な診断

以下は発達クリニックで診断される主な症状です。

●ＡＤＨＤ（注意欠陥多動性障害）

感覚の過敏から気が散りやすく、あちこちに目や意識が飛ぶため、「コレ！」ということ以外は簡単に忘れてしまったり、目移りと衝動性により動きが頻繁で留まることが難しかったりします。なので学校でも忘れ物が多く、何度も同じ注意と指摘を繰り返されることが多くなると自己肯定感を失い、自信を身につけにくくなるため、捨て鉢になって行動が荒れたり、心を閉ざし引きこもったりするようになります。

逆に、「コレ！」というものを見つけると食事も目に入らなくなるなど、気持ちの切り替えが出来ないほど没頭し集中します。そのような面を上手に伸ばしてあげられる環境と関わりがあれば、実は稀に見る才能を開花し、逸材として社会や世界で力を発揮することが出来るのも「発達障がい」と呼ばれる子どもたちなのです。

こうした子どもたちは、魂レベルで今の社会の学校教育に「NO」を突きつけているのだと感じています。「こんな勉強が何になるの？　大人になって必要なの？」「先生はいつも怒ってる。お母さんも家族も。大人は苦しそう。だから大人になんか、なりたくない！」そうハッキリ断言する子たちもいます。

テストの点数は取れなくても、IQの高い子はたくさんいます。日々話したり関わっていると、「この歳で」と思うくらい人格者としての要素を持ち合わせた子どもたちが多いのも事実です。この要素を歪めてしまうのは、実は間違った医療だったり、身近な大人たちの関わりなのではないかと感じています。

●自閉症

昔の自閉症と呼ばれる子どもたちの症状は、「目が合わない」「言葉が出ず、コミュニケーションが取れない」という重度の症状でした。現在は重度の自閉症とは分けて、「自閉症スペクトラム」（軽度の自閉症）と診断される子どもたちがいて、言葉などによる十分なコミュニケーションは図れます。ただ、独自の世界に浸ることが多いため、向き合って話していても、相手の話をちゃんと聞いていなかったり、関心興味のないことには全く集中できないため、学習にもついていけないことが多く、それが不登校につながるケースも多いです。

こちらの話を聞かそうとするより、先にその子の話に興味を持ち、いろいろ聞き出して会話を楽しむようにすると信頼関係が生まれ、コミュニケーションが取りやすくなります。また独自性のあるクリエイティブな感性をその子なりの表現方法で表わせる環境があれば、芸術家や職人として一気に開花する可能性も大きく秘めています。

●アスペルガー症候群（高機能自閉症）

日本語では「高機能自閉症」とされ、知的に問題はありません。それどころか、独特な思考回路や理解力を持ち、一般的ではない方法で正解を導き出すので驚かされます。なので、通常の学校での授業では理解が難しく、逆にその子に合った学習方法を見出し、個別や少人数で対応してあげられれば、短期間で一気に高い学力を身につけたり出来る、知的に高いタイプの子どもたちです。

言葉の使い方が巧みだったり、理屈好きなところもあり、会話していても独特で、天才的な雰囲気を醸し出すタイプの子が多いです。勉強の入り口さえ上手く作れれば、自らどんどん面白がって没頭するため、エリートコースにすんなり進む子が多いのも特徴です。

●学習障害

LDとも言われています。行動が特徴的なADHDに対して、LDは学習面に表われます。特に算数や国語に表われ、算数の場合は簡単な計算問題など、数字が極端に苦手で何度教わっても難しかったり、読解が困難なため、応用問題が全く分からなかったりします。

国語の場合も読解に躓《つまず》き、文章の組み立てが極端に苦手なため、簡単な作文（絵日記程度）も嫌がります。すなわち、それは日常生活の中でも言葉で状況や気持ちを伝えることがしづらいという事であり、そこを問い詰めたり、分かりやすく説明させようとしてはいけません。気持ちを察しながら、「こんな感じ？」と具体的な選択肢を幾つか出

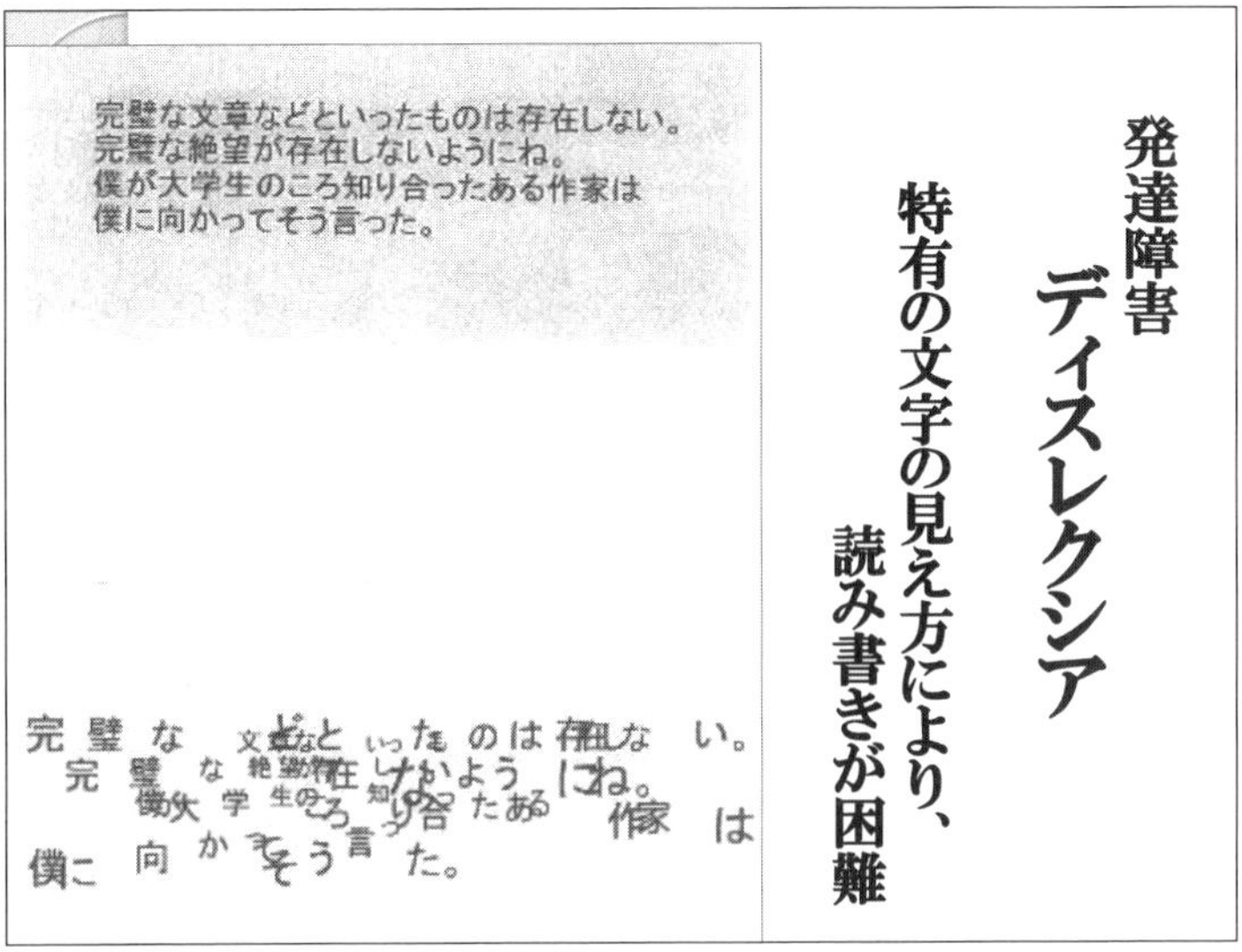
発達障害
ディスレクシア
特有の文字の見え方により、
読み書きが困難
完璧な文章などといったものは存在しない。
完璧な絶望が存在しないようにね。
僕が大学生のころ知り合ったある作家は
僕に向かってそう言った。

③

して選ばせながら、話を聴き取る。それをまとめるようにして一緒に文章を組み立ててあげるようにすると、自分でも少しずつ出来るようになります。

●ディスレクシア

文字の読み書きに困難がある障害で、特有の見え方をします。写真③は、ディスレクシアの人が見えている文章の状態です。上の文章が下の状態に見えるため、書くと文字が歪んだり被ったりします。

写真④（次頁）は農薬や化学肥料が脳の視神経にダメージを与えたことが原因で「化学物質過敏症」と診断された女性の文

字です。遺伝が原因とされるディスレクシアと、化学物質が原因とされる方の文字がそっくりなのは決して偶然ではないと感じます。

写真⑤の、国光美佳先生の『食べなきゃ、危険！』（フォレスト出版）の中で紹介されているアスペルガーのこうちゃんの絵の中の文字がまさにディスレクシアの症状です。この症状は、化学物質過敏症や脳の神経伝達に影響を与える「ミネラル不足」ともつながっていると思います。

④

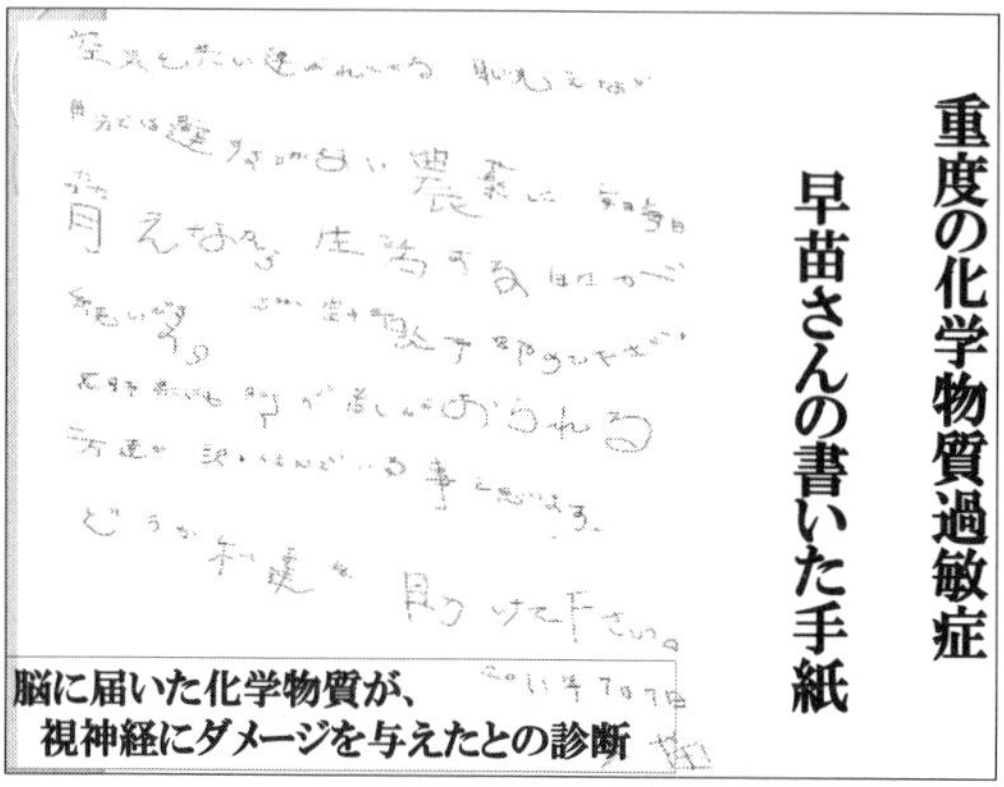

重度の化学物質過敏症
早苗さんの書いた手紙

脳に届いた化学物質が、視神経にダメージを与えたとの診断

⑤

発達障がい＝感覚の過敏（五感）

発達障がいには感覚の過敏があります。五感すなわち、視覚、聴覚、触覚、味覚、嗅覚における過敏があります。

●視覚過敏

視覚が過敏だと、見るものに振り回されてしまいます。パッと目に入ったものに飛びついては行動するため、それが次々に起こると多動になり、ＡＤＨＤ（注意欠陥多動性障害）とも関わってきます。人の視線も刺さるように感じられ、特に気心の知れない人がたくさんいると嫌がります。カメラを向けられるのも苦手です。

●聴覚過敏

小さな音やザワザワした音などが大きく聞こえたりするので、学校や教室でも苦痛を感じます。周りに小さな物音がするだけで、それが大きく聞こえて話に集中できなかったりするので、「人の話を聞けない子」として注意されたり叱られたりすることもあります。ところが、不思議と「コレ!」と関心興味を持つと少々の物音も気にならないようで、すごい集中力を見せる姿もよく見かけるので不思議です。

●触覚過敏

皮膚の過敏のため、シャワーを痛いと感じたり、髪の毛のブラッシングを嫌がったり、爪を切りたがらなかったり、その子にしか分からない不快な感覚があるので、ややもすると不潔(不衛生)に見られたりします。温度や痛みに敏感な子もいて、温かい飲み物が苦手だったり、普通は耐え得るちょっとした痛みにも「イタイ!」と感じてしまうので、理解や配慮が必要です。

●味覚過敏/嗅覚過敏

味と匂いに敏感なので、偏食や少食につながりやすかったりします。視覚過敏も加わると、色味で判断して食わず嫌いになったり、ご飯も白米にこだわり、雑穀や分搗《ぶづ》き米（胚芽米）も嫌がったりします。

嗅いについても同じで、あご出汁が苦手なので、ゆめの森こども園では、体に必要な39種類のミネラルを含んだ水を使っています。そのお水で炊いたご飯や沸かしたお茶なら飲めたりするので、それだけでもしっかり摂れるようになると変化を感じます。

発達障がい＝脳内アレルギー（リーキーガット）

近年は「脳腸相関」と言われるほど、腸と脳の働きはつながっているとされるようになりました。農薬や化学肥料、添加物など、人工的で化学的なものを使わない昔ながらの自然な食生活であれば、腸内で菌（微生物）たちが元気にバランスを取り、発酵を起こすため、病気にも罹《かか》りにくく、心身の健康も維持できたのですが、戦後に現代の食生活になって、体内で分解されないような物質やストレスで腸壁にキズをつけてしまい、本来、腸壁を抜けてはいけない危険な物質が、そのキズや穴から血液中に入ってしまうことで、他のものと化学反応を起こし、麻薬性の物質に変わってしまう。そしてその麻薬性の物質が脳に届くと異常行動を起こしてしまうのです。

例としては、小麦粉のグルテンや牛乳のカゼインがあり、こうした細胞レベルでの栄養素の働きについて、日本はアメリカと違い、医師や栄養士も深く学んでいないと聞いたので、今後の課題として是非とも取り入れていただきたいと願っています。

脳の栄養障害（ミネラル不足）

ミネラルはたとえるなら、サッカーや野球チームの監督、オーケストラでは指揮者と言われるそうで、脳の司令塔とも言われています。ミネラルは5大栄養素の中の一つで精神の状態や健康にも深く関わっています。写真⑥の上の絵図は、正常な神経細胞です。ふっくらとしていてたくさんのシナプスの先同士が吸盤のようにくっついて結合しています。そのシナプスの先には「神経伝達物質」と呼ばれるものが十分にあります。この状態であれば、脳の思考回路・神経回路がしっかりと張り巡らされるそうで、そうなる

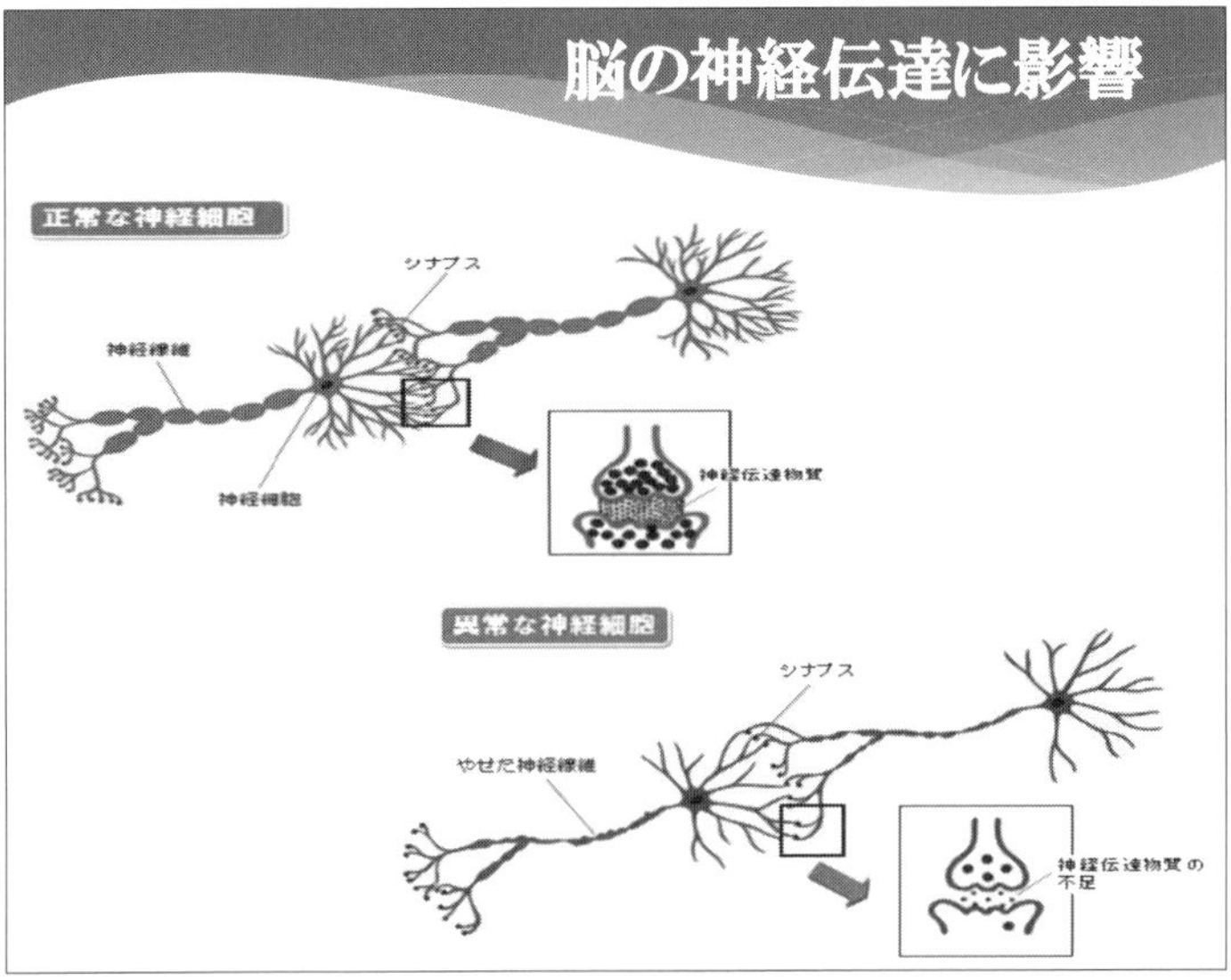

⑥

と心が穏やかに安定し、イライラや不安が抑えられ、集中出来たり、感動が湧き上がるそうです。

ところが、写真⑥の下の絵図の神経細胞の状態になると、ガリガリに痩せていて、シナプスが結合しにくい。そこには神経伝達物質が不足しているという原因がありました。思考回路・神経回路が広がらないことで、心が不安定になり、イライラしたり集中できなかったり。先に明るい見通しが持てなくなると、やがて鬱病にまで転じてしまいかねません。

神経伝達物質の生成にはバランスの取れたミネラルが不可欠のため、食の見直しとミネラル補給は、精神（心）の健康にも大きな鍵だと言えます。

現代食の落とし穴

しかし、なぜ「飽食」と言われ、フードロス問題が取り沙汰される日本でミネラルが不足するのでしょうか？　そこには現代の落とし穴がありました。私たちはが何も知らず、コンビニ弁当やお惣菜、ファーストフードをどんどん選び、安くて便利で手軽な食事を追い求めて来た結果、深刻なミネラル不足を国民レベルで引き起こしていたのです。

コストを安くするには、具材を大量生産のきく冷凍、レトルト、水煮にする必要があります。しかし、それらはブランチング加工により、ミネラルが抜け落ちてしまっています。またミネラルは酵素を働かせる補因子のため、ミネラルが不足すると健康を維持する酵素の働きまで止めてしまうのです。

学校給食・病院・施設でもこうした食材が使われるため、ミネラル不足はいたるところで起こっています。このことを調査したのが『食品と暮らしの安全』という月刊誌を発行している食品と暮らしの安全を守る会でした。食事の栄養価を計算値ではなく、実際の食材をミキサーにかけ食品分析センターに持ち込み実測すると、ミネラルの含有量は計算値とは全く違っていました。

オリンピック選手が栄養指導を受ける指導センターの食事は1食で基準値を楽々とクリアしているのに対し、コンビニエンスストアの幕の内弁当は、3食分を合わせても1日の必要量に大きく届いていなかったのです。

これらのことが大型の学校給食センターにも言えるとしたら、やはりミネラルの実測調査が必要だと感じています。それが子どもたちの体だけでなく、心にも影響を与えるのですから、少しでも早く、そうした実測値を基準にした安心安全で栄養価の高い給食が日本の当たり前になることを願っています。

クスリも化学物質——副作用を知る

子どもの多動や衝動性、睡眠障害など、大人の困り感や心配から医療を受診すると、必ずと言っていいほど処方される向精神薬や睡眠導入剤。私たちは、医師が出すものなので安心し、最も簡単に服薬させてしまう傾向にありますが、精神状態をクスリで変えるということを、よく考えれば、とても恐ろしいことだと気づけるはずです。

実は、向精神薬やその副作用についての詳しい説明は、どこの精神医療でもまずないというのが現状です。それだけ精神医療は、まだまだ未知の世界で分からないことだらけというのが正直な見解なのだと思います。

先述の化学物質過敏症の方の大きく歪む文字の原因が農薬等の化学物質であったように、化学物質は脳神経に深刻な影響を与えることは分かっています。そして西洋医学のクスリも化学物質だとすると、クスリに頼る前に精神疾患がほとんど見当たらなかった時代の「医食同源」を思い出し、薬＝薬草＝食に立ち帰り、毎日摂る食事に本気で目を向ける社会に一日も早くシフトすることを願ってやみません。

ここでは、発達障がい児とされる子どもたちに最も高い頻度で処方されている向精神薬について、精神医療の専門家からの資料を添付し説明します。ただし、医療機関との連携により減薬から断薬を成功させた子どもたちの事例もありますので、決して悲観せ

発達障害と診断された子どもに最も多く処方されている「リスパダール」の副作用一覧

自殺企図の悪化、自殺念慮の悪化、QT延長（心停止）、てんかん等の痙攣性疾患の悪化、悪性症候群、錐体外路症状の悪化、錯乱、意識レベルの低下、転倒を伴う体位不安定、糖尿病の悪化、糖尿病性昏睡、口渇、多飲、多尿、頻尿、起立性低血圧、眠気、注意力・集中力・反射運動能力等の低下、興奮、誇大性、敵意等の陽性症状の悪化、脱力感、倦怠感、冷汗、振戦、意識障害、無動緘黙、強度の筋強剛、嚥下困難、低血糖症、アカシジア、不眠症、振戦、便秘、易刺激性、傾眠、流涎過多、不安、倦怠感、筋固縮、高熱、呼吸困難、循環虚脱、脱水症状、急性腎不全、遅発性ジスキネジア、麻痺性イレウス、食欲不振、悪心・嘔吐、著しい便秘、腹部の膨満あるいは弛緩及び腸内容物のうっ滞等の症状、抗利尿ホルモン不適合分泌症候群（SIADH）、低ナトリウム血症、低浸透圧血症、尿中ナトリウム排泄量の増加、高張尿、AST（GOT）、ALT（GPT）、γ-GTPの上昇等を伴う肝機能障害、黄疸、横紋筋融解症、筋肉痛、脱力感、CK（CPK）上昇、血中及び尿中ミオグロビン上昇、心房細動、心室性期外収縮、脳血管障害 、無顆粒球症、白血球減少、肺塞栓症、静脈血栓症、持続勃起症、気管支炎、鼻咽頭炎、咽頭炎、肺炎、胃腸炎、感染、膀胱炎、耳感染、インフルエンザ、限局性感染、気道感染、鼻炎、副鼻腔炎、皮下組織膿瘍、尿路感染、ウイルス感染、蜂巣炎、扁桃炎、眼感染、中耳炎、爪真菌症、ダニ皮膚炎、貧血、血小板減少症、好中球減少症、アナフィラキシー反応、過敏症、高プロラクチン血症、食欲不振、高脂血症、食欲亢進、食欲減退、高尿酸血症、水中毒、不安、激越、妄想、うつ病、幻覚、抑うつ症状、躁病、被害妄想、精神症状、睡眠障害、緊張、自殺企図、錯乱状態、リビドー亢進、徘徊、リビドー減退、神経過敏、気力低下、情動鈍麻、無オルガズム症、悪夢、振戦、構音障害、ふらつき、頭痛、ジストニー、鎮静、めまい、立ちくらみ、運動低下、ジスキネジア、パーキンソニズム、錐体外路障害、精神運動亢進、無動、痙攣、注意力障害、構語障害、しびれ感、よだれ、仮面状顔貌、頭部不快感、嗜眠、錯感覚、意識レベルの低下、会話障害（舌のもつれ等）、味覚異常、記憶障害、てんかん、 末梢性ニューロパチー、協調運動異常、過眠症、弓なり緊張、失神、平衡障害、刺激無反応、運動障害、意識消失、眼球調節障害、眼球回転発作、眼瞼痙攣、視力低下、眼脂、結膜炎、網膜動脈閉塞、霧視、眼充血、眼瞼縁痂皮、眼乾燥、流涙増加、羞明、緑内障、術中虹彩緊張低下症候群、耳痛、回転性めまい、耳鳴、頻脈、洞性頻脈、動悸、心室性期外収縮、房室ブロック、右脚ブロック、上室性期外収縮、不整脈、徐脈、左脚ブロック、洞性徐脈、起立性低血圧、低血圧、高血圧、末梢冷感、潮紅、末梢循環不全、鼻閉、呼吸困難、咳嗽、鼻漏、副鼻腔うっ血、睡眠時無呼吸症候群、口腔咽頭痛、鼻出血、肺うっ血、喘鳴、嚥下性肺炎、発声障害、気道うっ血、ラ音、呼吸障害、過換気、流涎過多、胃不快感、下痢、胃炎、腹部膨満、腹痛、消化不良、上腹部痛、唾液欠乏、腸閉塞、膵炎、歯痛、糞塊充塞、便失禁、口唇炎、舌腫脹、多汗症、発疹、そう痒症、湿疹、過角化、紅斑、ざ瘡、脱毛症、血管浮腫、皮膚乾燥、頭部粃糠疹、脂漏性皮膚炎、皮膚変色、皮膚病変、蕁麻疹、水疱、筋固縮、斜頸、筋攣縮、関節硬直、筋力低下、背部痛、四肢痛、関節痛、姿勢異常、筋骨格痛、頚部痛、筋骨格系胸痛、筋痙縮、排尿困難、尿閉、尿失禁、月経障害、無月経、乳汁漏出症、不規則月経、射精障害、女性化乳房、性機能不全、乳房不快感、勃起不全、月経遅延、希発月経、腟分泌物異常、乳房腫大、乳房分泌、易刺激性、倦怠感、無力症、疲労、歩行障害、発熱、気分不良、胸部不快感、胸痛、顔面浮腫、末梢性浮腫、疼痛、不活発、浮腫、低体温、インフルエンザ様疾患、悪寒、薬剤離脱症候群、血中ブドウ糖増加、LDH増加、血圧低下、血中プロラクチン増加、血中ナトリウム減少、血中トリグリセリド増加、血中尿素増加、心電図異常、好酸球数増加、グリコヘモグロビン増加、血小板数減少、総蛋白減少、体重減少、体重増加、白血球数減少、白血球数増加、尿中蛋白陽性、Al-P増加、ヘマトクリット減少、心電図Ｔ波逆転、血中尿酸増加、尿中血陽性、肝酵素上昇、転落

⑦

ず、穀物で腸を整え、バランスのとれたミネラルや良質な脂質などの栄養をしっかり摂ることを心掛けていただきたいと思います。

●リスパダール

⑦は、発達障がい児に最も多く処方されていると言われるリスパダールというクスリの副作用の一覧です。トップに自死や心停止が上がってきています。

●コンサータ

このクスリ添付文書に書かれ

ている「メチルフェニデート」は覚醒剤の一種だそうで、添付文書にも「警告」という強い文言があったり、「薬物依存のリスク」と書かれています。初めて見た時は目を疑いましたが、保護者だけでなく、子どもに関わる大人は知っておく必要があると思います。

●タミフル

インフルエンザに感染した時に出されるクスリで新薬として世に出た当初、服薬した思春期の子どもたちに異常行動が続発しニュースになりました。それ以来、全国的に注意が払われるようになった薬ですが、タミフルの副作用の発現率は27%、リスパダールやコンサータは80%以上の発現率と知った時はショックでした。

いずれにしても、クスリや食について、それぞれの知識や情報を持った上で、子どもたちのために判断、選択していただけたらと願っています。

第6章

ゆめの森こども園の実践

―よく寄せられる質問への回答―

いろいろな場面で投げ掛けてくださる質問の中から、お答えさせていただきました。お父さん、お母さん、そして子どもに関わる方々に参考にしていただいたり、お気持ちを少しでも楽にし、お役に立てましたら幸いです。

質問1 ゆめの森こども園の思春期の子どもたちで、非行問題を起こす子はいますか？いる場合、対応の仕方を教えてください。

深夜徘徊等で補導される子たちがいます。昼間学校に行かない子どもたちが、夜集まって話すうちに、つい度を超えてバイクの無免許運転をしたり、いろいろなトラブルを起こしてしまうことがあります。一人ひとりは、どの子も素直な優しい子ですが、心の深い部分に寂しさや孤独感を抱えている子たちが同年代の友だちと集まり、非行に至ってしまいます。

幼い頃から家庭的な事情や保護者の忙しさ等から丸ごとの自分を受け止めてもらえな

かったことで「自分を大事にする」という感覚が分からない子が多いと感じます。そうした子どもたちに対して出来ることは、どんな時も正面から向き合い、駆け引きのない愛情を注ぐことだと思っています。

また、ある時非行に走り、ゆめの森こども園に来なくなったとしても、ゆめの森こども園で過ごした温かな時間がきっとその子がその先で立ち直る力につながっていると信じています。

質問2 「信じ切る」とよく言われますが、具体的にはどのようなことですか？

「信じる」と「信じ切る」の違いは、子どもを受け止める側のどっしりとした心の安定感だと思っています。信じ切ることで不安にならず、「待つ」ことが出来ます。信じ切ることで余計な一言を言わずに見守ることが出来ます。心が揺れる思春期を、信じて待ってくれる大人が近くにいることは何より大きな支えになります。

質問3
非行に走る子どもの親子支援について、具体的な事例があれば教えてください。

深夜徘徊でトラブルを起こし、立て続けに警察から呼び出される子の保護者から「もう手に負えないので児童相談所に預けたい」と相談があり、私のところで1週間預かりました。ＴＶもゲームもない静かな夜の時間を夕飯を一緒に作って食べたり、楽しくいろいろ話したり、ゆっくりお風呂に入って寝るという生活を続けると、日頃の問題行動が嘘のように落ち着き、片時も手放せなかった携帯電話も放置したままの姿が見られました。

当然ながら自宅へ戻るとまた元の生活に戻ってしまうということはありますが、行き詰まったお父さんが1週間安心して子どもを預けられたことで気持ちを立て直し、子どももやれば出来ると分かったことで、その後の家庭での親子関係に少しずつ変化が出てきました。

質問4
子どもたちに一番つけてあげたい力は何ですか？

最も大きな視点からは、生涯にわたって「自分に起きるすべてのことは自分自身を成長させ、魂を磨くために起きる」と理解できる力です。外側（誰かや社会）のせいにせず、前向きにしっかりと内観できる力をつける。そこには自分自身への信頼があります。自分を誰よりも信頼できるということが人生そのものを幸せにします。子どもたちがその力を育んでいくためには、見返りを求めない絶対的な愛を大人から受けることだと思っています。

質問5 子どもたちに「生きる力」をつけていく時に具体的な場面でされていることについて教えてください。

たとえば、「自分のことは自分で決める」という力をつけていくためには、目の前のことを自分の正直な気持ちで選択していくことが大事です。大人から見て、望ましい、望ましくないという視点ではなく、子どもが自分の心と向き合って、選び取る力を育てることが大事なのです。その点で、完全不登校だった子が、朝から一日ゆめの森こども園で生き生きと過ごせるようになった時、次のステージとして「たくさんの友だちの中で楽しく有意義な経験をする」という段階を一緒に見ていくのですが、ここでもそのタイミングや具体的なチャレンジの方法は本人が決めるようにしていきます。

たとえば、①私やスタッフと校門をくぐり、先生にゆめの森こども園で取り組んだ学習プリントを届ける　②1時間だけ自分で選んだ教科の授業に私やスタッフと一緒に参加してみる等、その子が自分で出来そうなことを選んで挑戦できるようスモールステップを提案し、自身で選び、必要であれば最初は一緒にチャレンジするということをしています。

質問6 子どもを叱る時のアドバイスをお願いします。

子どもを本気で叱らなければならない時に一番大切にしていることは、「安心感」です。子どもがどんなに良くないことをしたとしても、決して心を傷つけたり、閉ざさせるような叱り方にならないように、その子を丸ごと受け入れながら叱ります。叱ることは、子どもの望ましくない行動を抑制するためではなく、子ども自身が自分で自分の言動を振り返り、大切なことに気づき、次からは気をつけようとする姿に導くことだと思っています。そのためには、子どもが「この人は僕（私）を大事に想ってくれている」という愛情を感じることが大切で、それがたとえ叱られていたとしても安心感として伝わります。

ゆめの森こども園の子どもたちのように過敏性を持つ子たちは、ちょっとした事に反応しては粗暴になったりしますが、生命や相手の心を傷つけること以外は、笑顔で叱ります。「笑って怒る」を見せながら「それは良くないよ」とやんわり伝えることで実は十分伝わっています。どんな自分も受け入れられながら、人として大事なことを教わることが出来ることは揺るがない信頼関係に結びついていきます。

質問7 叱る時のコツのようなものがありますか？

まず、「怒る」と「叱る」は全く違うことを「腑に落としておく」ことだと思っています。「腑に落とす」と言うことは、使い分けがきちんと出来るということです。発達障がいと呼ばれる子どもたちは、感覚過敏＝感性が研ぎ澄まされています。なので、相手の心の深い部分を簡単に無意識レベルで感じ取って（見抜いて）しまいます。不登校の理由に多いのが「担任の先生が怖い、嫌い」です。もちろん先生方は一生懸命に教育者としての使命を果たそうとして子どもたちに向き合い、関わっているのですが、先生自身の深い部分（無意識レベル）に自分優先の意識が大半を占めていると、正しく叱ったつもりが理不尽であったり、権力を振るう大人に映ってしまいます。

よくあるのが、不登校になってしまったクラスの子に対して先生が「決して強く叱っていない。むしろ他の子以上に配慮していた」と仰るのですが、子どもの言い分を聞くと「僕（私）には優しいけど、クラスのみんなに怒る時の先生が怖いし嫌い」と言います。感性の鋭い子は、常に周りの気を感じ取ると同時に、相手の正や負のエネルギーも敏感に感じ取ってしまうため、対応する大人の本質的な人柄、人間性を直感的に感じ取り、それが負のエネルギーであれば一気に不安になり、愛と優しさに満ちた正エネルギーなら安心感・大好きになります。

しかし、そうは言っても私たち大人も人間である以上、日々心が整っているわけではありません。ただ「目は口ほどにものを言う」であったり、「笑顔が一番の安心」と言うように、目つきや表情に心遣いをすることが大事だと思っています。

大人側の深層に愛が根付いていれば、少なくとも怒りの感情を剥《む》き出しにした子育てや指導にはならず、どんなに厳しく怒っているように見えてもその奥底には「この子のため。幸せになって欲しい」という思いがあり、それが瞬時に子どもに伝わります。なので、叱る時の表情や口調はとても大事です。

よく「叱っている時に微笑んだり、ふと笑うのは不謹慎」と思いがちですが、自他の生命に関わること以外であれば、むしろ心の余裕を見せながら叱るという意味で、笑いながら「ここはダメ！」と目力で伝えることは出来ると思っています。究極のところ、叱り方の問題ではなく、大人側の人間性を磨くことが最も先決と感じています。

質問8 ゆめの森こども園で思春期を過ごす良さはどんなところですか？

ゆめの森こども園は事業所であって事業所ではなく、大家族なのです。86歳のおじいちゃん（私の実父）がいたり、お兄ちゃん、お姉ちゃん、お父さん、お母さん、妹、弟のような全世代がいて、昔は当たり前だった大家族の光景が毎日目の前にある。そこで日々、ごちゃ混ぜになりながら、ワイワイ、ギャーギャー大騒ぎ。喧嘩して追いかけ合ったり、取っ組み合いになっても、お兄さんお姉さんが止める。

大人が叱らなくても子ども同士で解決していることもたくさんあります。大人がみんな成り行きに任せてのんびり仕事（農業や動物の世話など）をしている。私の孫やスタッフのヨチヨチ歩きの子どもを中高生が可愛がり、散歩に連れて出たり世話を焼くことも尊い体験です。そんな中高生を見ていると、将来我が子を持つイメージにもつながり、思春期の性的な興味関心が自然に正しい方向に向かうのも感じています。

質問9　向精神薬に対する考え方をお聞かせください。

向精神薬について、その深刻な副作用や、服薬し続けた先のことを学ぶと、いても立ってもいられない気持ちに駆られます。しかし、私のような日々の支援者の立場の者がそのことについて怒りや無念さを剥き出しにすることで、向精神薬で苦しんでいる親子をさらに追い込んでしまうことに気づいた時、その無念さすら一旦飲み込み、丸ごと受け入れるようにしています。

薬によって落ち着きを取り戻し、生命を絶つという最大の悲劇を避けながら、何とか支え合っている家族を目の前にすると、私が出来ることは、専門家のように「戦いながら改革していく」ことではなく、「心や精神にもしっかりと食の力が届く！」ということをたくさんの実践事例で伝えていくことではないかと思うようになりました。

もちろん、食だけでなく、アロマやマッサージ等、統合医療の分野の力を合わせれば効果は莫大に上がります。そしてもう一つ大きいのが「愛の関わり」です。食を自然なもので整えることで「脳腸相関」と言われるように心に変化が現われます。苦しむ人を受け止める側の人たちが、先に心や精神を整えておく必要があるため、「たかが食、されど食」として知ることは、実は最も大切な課題だと感じています。

質問10 「発達障がい」と診断される子どもの本質をどう捉えていますか？

本質は間違いなくめちゃくちゃ優しいです。実は魂的には完成に近い子どもたちだと思っています。大人や社会の目からは「困った子」に見られますが、ひとたび目覚めるとすごい！　これまでの人間の常識をあっという間に引っくり返してしまいます。ただし、その分、とても繊細で傷つきやすい側面も持っています。見た目にはそう見えなくても深い部分でとても傷ついているので、不登校になることも多いのです。

一方、そんな子どもたちだからこそ芸術家や職人等、クリエイターとしての素質も存分に持っています。人並外れた素質やエネルギーを軌道に乗せてあげると、日本はおろか世界まで、あっという間に一変させてしまう力を持った子どもたちだと確信しています。

質問11　親への支援で一番大切なことは何ですか？

「安心と安らぎ」の気持ちを持たせてあげることだと思っています。親の気持ちにゆとりがないと、言わなくてもいい一言を口にしてしまい、そこから大喧嘩に発展し、それが頻繁に起これば、完全に親子関係を壊してしまいます。これは学校の先生においても同じです。

大人の心に余裕がないと何をしても裏目に出ます。逆だとすべてが好転していきます。その源が心の安定＝安心なので、子ども以上に親の心の支援が必要と思っています。

「ここに来れば気持ちが軽くなる」

「いざとなれば、ここがあるから大丈夫！」

そう親が思える場所が見つかれば、遅かれ早かれ必ず子どもは自分の人生を歩き始めると信じています。

質問12 いろいろな考え方の保護者もおられると思いますが、対立することはありませんか？

対立というか、親御さんが強い考えや意見を持たれている場合、それがゆめの森こども園の理念や方向性と異なれば、信頼関係が築きにくくなります。たとえば、ゆめの森こども園で薬に頼らない、消毒やマスクも最低限に留めるというやり方をしていると社会の常識から外れ、真逆のことを大事にしていると異論を唱えたくなるのは当然です。ただ、この「信頼関係」こそが、親子、家族を幸せに導く鍵なので、その場合は信念と覚悟をもってきちんと説明します。

「今の社会では何が本当かが分からなくなってきています。そんな中で子どもたちの未来を本気で考えた末にこの取り組みを貫く決意をしました。親御さんとの信頼関係こそが子どもたちを良い方向に導けると信じていますので、そこに難しさを感じられたなら、本当に申し訳ありませんが、他の場所をご検討くださいね」

とお伝えします。真の信頼関係は、こちらが腹を割ってすべてを曝《さら》け出し、本気を伝え、その上で選択された方とのみ築いていけると思っています。

質問13 全国を飛び回って活動しておられますが、体調を壊したりしませんか？ また「還暦」を迎えられるように見えませんが、その秘訣は何ですか？

自分でも不思議ですが、体調を崩すことはほとんどありません。食については、腸内環境を良く保つことを心掛けてはいますが、基本、食べたい時に、食べたいものを、食べたいだけ食べます。自身の経験を通して言えるのは、どれだけ身体をハードに使っていても、気持ちが楽であれば体調は良好に保たれ、逆に精神的な不安を覚えると一夜にして崩れてしまうということです。あと、若く見ていただけているとしたら、心と身体は一体なので、心が楽でストレスを感じない生活が老化を進みにくくしているのだと感じます。また小学生たちと一緒になって本気で遊べる精神年齢も大きく関与していると思います（笑）。

質問14 活動で留守にすることも多いと思いますが、現場はどのようにされているのですか？

全員のスタッフを信じ切れているので、私がいてもいなくてもエネルギーでつながっている感覚があり、安心して任せているため、留守の時も大事は起きません。エネルギーは同じものを引き寄せるので、不安や疑心があれば、心配なことを引き寄せます。「何か起きたとしても、すべてはそこに必要な学びがあるのだから、そこから気づきと学びを得れば良い」とスタッフみんなが理解しているので、イレギュラーが起きても慌てず適切な対応を取ってくれています。信じれば安心する。安心していれば、エネルギー（波動）が高くなるので、大きな心配事は引き寄せません。

ただ、最初からこのような信頼関係や波動が生み出せていたわけではありません。最初は目で見えることで判断していたので、気になることがあるとスタッフに指示やお願いをよくしていました。深い部分で信じて任せ切ることが出来ていなかったのです。「起きることには意味がある」と心から思えるようになってからは、気持ちがとても楽になり、スタッフにも「大丈夫だから思うようにやって。何かあれば私が対応するから」と笑顔で任せ切ることが出来るようになりました。

その結果、スタッフに確かな自信がつき、子どもたちに真正面から愛を持って関わり、みんなが生き生きと輝き出しました。そんなスタッフたちがつくるゆめの森こども園は、まるで地上天国のようにいつも楽しそうな笑い声と賑やかなお喋りの声が響き渡る、素敵な場所になっています。

質問15 ジャッジや批判をしたくなる時はありませんか？あるとしたら、どんな相手やどんな時ですか？

ジャッジや批判ではないのですが、とてもがんばっている人が、あと一歩のところで誰かと対立したり、内観より外にばかり意識が向いているのを見ると、「もったいない」

という残念な気持ちから語気が強くなったりすることはあります。本当はそれすら本人の魂が経験したい大切な部分なので、心穏やかに丸ごと受け入れ、尊重することが大事なのだと反省しますが、それでも「ここは！」という時には、バシッと切り捨てるような部分もあります。

それが直感であればそれも大事と確信しつつ、ただ、自分本位な期待は、どこかで「こうあるべき」という固定観念につながっているので、基本的にはどんなことも、その人自身が選び取っていくことが一番なのだと俯瞰《ふかん》できる自分でいたいと思っています。

質問16 お絵描きムービー※に感動しましたが、ご自身の感覚過敏をどのように克服されましたか？

※5頁参照

大人になって気づきましたが、幼い頃から目の前の人の感覚を感じ取ってしまうという過敏な体質がありました。人の様子を客観的に見ていて、表面的な態度と心の中が違うことを直感的に感じ取ってしまうため、人を信じられない部分があり、対人関係にはいつも不安や恐れを抱いていました。

また、そんな自分を疑い、責めるという負の連鎖にも陥り、大勢の前では全く自己表現できない私でした。しかし保育士としてたくさんの子どもたちの前に立つ経験の中で、生まれて初めて自分を思い切り表現することの楽しさを味わうことが出来、その充実感や幸福感を味わえば味わうほど、幼い子どもたちへの深い感謝が湧き上がり、その感謝が今の活動につながっています。

感謝から勇気が湧き、保育士時代には夏祭りなどで大勢の観客の前で舞台に立ち、演劇など大成功させたことで「子どもたちのためなら何でも出来る！」と自信が持てるようになり、そこから大きく自分を変えていくことが出来たのだと思います。

完全に克服したわけではありませんが、不安な自分も丸ごと優しく受け入れられるようになったことが、どんな状況下でも生きやすい自分になれた最も大きな要因だと思っています。

質問17 前島さんの目指す理想の世界とは、どんな世界ですか？

壮大ですが、一言で言うと「生きとし生ける命が輝く社会」です。その最小単位が微生物であり、発達障がいと呼ばれる子どもたちの支援を通して、すべてはつながっていることに気づきました。だとすると、微生物が幸せでなければ、すべては幸せになれないのだとはっきり分かった時、「土（大地）」を大事にする「村づくり」を目指すようになりました。

今の社会の苦しみの根源は「分離」から来ています。元々一つだった世界を分け隔てたことで、一つひとつが分かりやすく認識できるという良い面もありますが、これが行き過ぎたことで「つながる」大切さを見失い、孤立から不安、疑心、保守へと進んだ結果、今のような「自分さえ良ければ」という無意識レベルでの身勝手さが世の中に浸透していったのだと思っています。ならば、そこを取り戻すことで、必ず元々の世界に戻れると信じているので「微生物からすべてが愛でつながる調和の世界」というのが究極の目指す世界です。

質問18 自らを「宇宙人」と称されている具体的な側面をお聞かせください。

具体的にですか（笑）。

とにかく普段からボーっとしていると言うか、まさにゆめの森こども園の子どもたちと同じで、「コレ！」と言うことにしか動けなかったり、頭が働かないのです（笑）。あと、おそらく魂レベルで必要なことしか覚えていられないので、それ以外は綺麗に忘れてしまう傾向があります（笑）。申し訳ないほど、何度会っていても記憶にしっかり残るまでは顔も名前も覚えていないという失礼なこともしばしばです。

こうして、はっきり自称宇宙人と言えるようになって実はとても幸せです。長い間、生き辛かったなぁと今はしみじみ思い返し、がんばってきた自分を労《ねぎら》い、癒すことも出来るようになりました。なので「発達障がい」と呼ばれる子どもも大人も実は「宇宙人」

なのだと思うようにもなりました（笑）。直感でしか行動できず、直感が降りると動かずにいられない！　これが宇宙人の最たる傾向だと思います（笑笑）。

そして極め付けは、宇宙人は宇宙人を呼び寄せることが出来るので、引き寄せ効果もすごい！と確信するようになりました。私の近くや、主催するイベントには大勢の宇宙人が集まってきてくれています（笑）。

質問19　10年後は、どんな生活をしていたいですか？

時計を見ずに朝日とともに起き、夕日とともに寝る（笑）。ビワの葉など、いろいろな薬草でお茶を作ったり、麹や発酵食を作ったり。小さな畑や田んぼで農業を楽しみ、動物たちにも囲まれていたら最幸です。

古民家で糸を紡ぎ、機を織ったり。ゆったりとした時間の中でお料理やお菓子作りも楽しみたい。思いを馳せるだけでワクワクが止まりません。

憧れているのは、２００８年に92歳に亡くなられたターシャ・テューダーという有名な絵本画家の晩年の暮らしです。自分の庭で花を育て、愛犬やニワトリと暮らし、昼下がりに自分で作ったクッキーでお茶をして、そこにいろいろな人が来てくれて。そんな幸せな毎日が10年後に待っていたら良いなぁと楽しみにしつつ、今を顔晴《がんば》っています。

質問20 子どもたちに、一つだけ与えてあげられる力があるとしたら、どんな力ですか？

「許す」という心の力です。なぜなら「幸せな人生」は突き詰めると、ここに結びついていると感じるからです。大人もそうですが、イライラしたり、モヤモヤしたりすることで人間関係に歪みが出来てしまいます。人の悩みの大半は、コミュニケーションの不具合から生じます。逆に言うと、イライラしたり、モヤモヤしたりすることがなく、人間関係が常に円滑で、コミュニケーションが上手くとれる人は、ほぼ悩みもなく、困り事があったとしても身近な人同士で助け合えるため、さらに絆が深まるという好循環が生まれます。

ゆめの森こども園の子どもたちも、人一倍、人間関係に過敏に反応する分、些細なことでケンカになったり、言葉で相手を傷つけたりしがちですが、その深層部分にあるのが「許せない」という心です。「まっいいか……」が出来ません。相手が何故そうしたのかを思いやることが出来ず、嫌なことをされたらすぐに「許せない」という気持ちが心の奥底から湧き出てしまいます。相手の背景を知って、「自分だったら……」と心を投影し、相手のとった行動を理解することが出来れば、「まっいいか……仕方ない」が出来るようになります。これこそが「許す心」につながっていきます。幸せな人生に不可欠な、

①あらゆることに感謝の気持ちを持つ
②苦手を乗り越える
③他者と信頼関係でつながる

ということは、まさに「許す」という心から生まれてくると思っています。

第7章

「つながる」で見えてきた新しい時代の社会（村）づくり

持続可能な世界は「微生物たちのバランス」により可能になる

持続可能な幸せな世界。それは「微生物たちのバランス」により可能になる、そのことを見事に身をもって教えてくれたのが「発達障がい」と呼ばれる勇敢な魂の子どもたちです。

実は、理想世界の創り方は、壮大に見えて、とてもシンプルだったのです。

すべては一つにつながっていました。どんなにＩＴ、ＡＩ、テクノロジーが進んだとしても、永久に持続する世界は創れません。しかし、縄文時代のような愛と調和の意識に目覚めた人たちが創る世界は、壊しようがないのです。なぜなら元々の唯一無二の意識に集まっているからです。

その創造の鍵が「微生物のバランス」だと知りました。そして「すべてはバランス（調和）で整い、持続可能となる！」と完全に理解した時、すべてが微生物でつながる世界のモデルの村を創れば良い！と思いつきました。

それが沖縄の北中城村《きたなかぐすく》に2025年運用開始予定のEMユニバーサルビレッジをベースとした、誰もが幸せになる『出雲ユニバーサルビレッジ（仮称）』の構想です。
その中身は、以下の通りです。

出雲ユニバーサルビレッジ（仮称）での実践

- 日本の主食であるお米の力の啓蒙
- 微生物のバランスに着目した農法による農業の拡大
- 食によりもたらされる心身の健康について実践者からの啓蒙
- 自然な循環農業と福祉の連携
- 専門分野の融合と統合
- 胎児から高齢者、社会の窮困者など、すべての人がつながるコミュニティづくり
- 古き良き古民家の再生と活用から、母子家庭をはじめとする窮困な人たちを救済し社会自立へと導く
- 衣食住の自然な暮らしから、人類・地球の本来の豊かさを取り戻す

実践から解決が期待できる国の社会問題

●国民の心身の健康問題
●生態系の復活と地球環境問題
●障がい者の貧困問題
●生活水準の格差問題
●発達障がい、不登校児の激増問題
●少子化問題
●増え続ける古民家、空き家問題
●増え続ける非行と犯罪問題　／など

これらの構想の環境ベースとなったのが現在（2024年）、国とEM研究機構により実現化が進められている沖縄県北中城村における「EMユニバーサルビレッジプロジェクト」です。琉球大学の比嘉照夫教授との出会いが究極の社会変革を促すきっかけになることを心から願い、引き続き真摯に取り組んで参ります。

沖縄ＥＭユニバーサルビレッジについて　https://ryukyuverse.com/oversea/

持続可能な世界の実現のために

以下は、ゆめの森こども園での具体的な取り組みです。出来ることは、ぜひ模倣してください。

●ＥＭ技術を駆使した循環型の環境づくり
●山林の竹などを使った炭づくり
●耕作放棄地を活用した自然な農業による農福連携
●保育園、学校給食のオーガニック化への働きかけ
●古民家の有効活用（民泊、カフェ・ワークショップ等のレンタルスペースほか）
●妊婦～高齢者ほか、あらゆるコミュニティがつながる居場所づくり

第8章

偉大なお力で、これまでの活動をご支援くださった方々

10年以上にわたる、これまでの活動を大きなお力で支えてきてくださった方々をご紹介させてください。

ＥＭ開発者・農学博士・琉球大学名誉教授

比嘉照夫先生

ＥＭ（自然界の有用な微生物の総称）技術を開発され、それにより世界150ヵ国にＥＭ技術による有機農業を広げられた比嘉照夫先生は、インドのキッシム州において世界初の100％有機農業を実現されました。そんな比嘉先生とお会いするきっかけとなったのが、ドキュメンタリー映画『蘇生Ⅱ』（白鳥哲監督）でした。

長年にわたりＥＭ技術を活かした農業展開に積極的に取り組んでいた福島県で、東日本大震災による甚大な原発事故が起きました。しかし、その途轍もない放射能汚染が微生物の力で消失している事実を『蘇生Ⅱ』の映画を通して知った時、感動と衝撃で涙が止まりませんでした。そして「この映画を世に出しなさい」という宇宙からのメッセージを心の中で受け取ったのです。

その数ヵ月後、名古屋で比嘉先生との面会が叶い、初対面の私に優しい笑顔で「本を読みました。素晴らしかった。前島さんが見て感じてこられた通りです。微生物の想像を超える力を伝えてください。そのための協力は惜しみません」と仰ってくださったのです。

後でお聞きしたのですが、どう出版から比嘉先生に拙書『輝きを取り戻す〝発達障がい〟と呼ばれる子どもたち』を郵送してくださっていたそうです。比嘉先生は、そのお言葉通り、今も沖縄での活動を支援してくださっています。私は北中城村にあるEMホテル（暮らしの発酵ライフスタイルリゾート）を拠点に、毎月のように訪沖し、沖縄の子どもたちの給食の有機化、理想の実現に向けた活動を広げさせていただいています。さらに現在EM研究機構が北中城村において、国とともに実現に向けているユニバーサルビレッジの地方版を島根県出雲市にも創れたらと模索しています。生きとし生けるすべての生命が輝く微生物による幸せな村が、かつて国造りが行なわれた出雲に、近い将来実現したらと想像し、ワクワクしています。

すべては神計らい——比嘉照夫

この本は、発達障がいの根本的な解決法を明示するだけでなく、「社会の発達障がい」も解決してくれる本でもあります。人類は、食料の不足に起因する争いから競争原理を生み出し、戦いは正義の道となり、不必要な犠牲を山ほど作り、その近代的派生技術によって、健康にかかわる多くの難題を生み出しています。

発達障がいも、競争原理の進化に伴う被災として大きな社会問題になっているにも拘わらず、その根本的な解決は、大難題と思われてきました。前著と今回の本の中には、これらの難題をいとも簡単に解決する多数の事例が述べられています。

この確信とも言うべき方法は、これまでの大人を中心にした競争社会の価値観をコペルニクス的に子どもの幸せを最優先にする仕組みに変えると、社会のあり方を平和的に共存にすることが出来るという信念に帰結しています。

この本のあとがきに、「すべての子どもたちが幸せになる社会を創りたい！という壮大な夢を持つようになりました」「すべては神計らいだったのです」という究極の悟りが示されています。

神計らいが許されるのは、利他に基づく使命感と志の高さを長年にわたって実践し続けることですが、このレベルに達すると、いかなる難題も解決し得る新しい世界に突入します。すなわち、この道に関わる多数のプロが惜しみない支援を与え、ともに発展する仕組みが出来るからです。

この道は、何でも実現し得る量子力学の世界に通ずるものですが、競争を前提とする現実社会とは真逆の関係になっています。量子力学にも貢献したアインシュタインは、娘への遺言で、すべての問題の解決のカギは「愛である」と述べています。

すなわち、思考や行動の中心に愛が成長するような仕組みを作れば解決できない問題はなく、世の中はすべてSDGs（持続可能な開発目標）を達成できるということです。

前島さんは出雲大社の早朝参拝を続けるうちに、「耳元でこの世のものではない低く深い深い声で〝愛してるよ〜〟」という神計らいの真実のメッセージを受け取っています。

この神計らいは、いかなる困難も愛を原点とする卓越した人々を結びつけ、すべての難問を簡単に解決する仕組みになっており、前島さんの壮挙に心から敬意を表します。

東京大学名誉教授・日本保育学会会長

汐見稔幸先生

汐見先生との出会いは、25年間の保育士時代の終盤でした。全国各地で開かれる保育研究大会において、基調講演や総評をされている汐見先生のお話を島根県の保育研修会で一人の保育士としてお聴きしたのが最初の出会いでした。もともと書物をほぼ読まない私は、汐見先生の存在を知ることはなく、初めて研修会でお話を聴いて心が震えたのを覚えています。

子育ての本質（環境や大人のあり方）を誰の心にもスーッと入っていく話し方で、その内容はとても深いのに非常に分かりやすく、聴いているだけで心が洗われる気持ちになりました。

すぐに汐見先生が編集長の『エデュカーレ』という保育雑誌の定期購読を申し込み、

2011年6月、保育士時代にピリオドを打つもりで職場を退職した年のエデュカーレ読者交流会に思い切って参加したのです。25年間、日々の保育と、休日も持ち帰る仕事に没頭していた私にとって、県外に研修に行くことなど想像もつかないことでしたが、長野県清里にある大自然に囲まれた宿泊施設での2日間は、まさに今の私のスタート地点でした。

当然ながら、その当時は汐見先生を陰から拝見するだけで感動で、直接お話することもなかったのですが、その数年後、保育園給食をオーガニックに！という活動団体（FC＝フーズフォーチルドレン）を国光美佳先生と立ち上げた際につながらせていただき、そこからは思いに賛同してくださった汐見先生は、どんなにお忙しい中でも快くお力添えをくださいました。そして、そのご縁が今の一般社団法人グランド・マザー共同代表という形で全面的に力を合わせてくださることになるとは、夢のようで感無量です。

今はグランド・マザーの最終目標である「生きとし生ける生命が輝く村づくり」に向かって、ともに歩んでくださっています。2024年の春には、グランド・マザー初の海外講演で、オレゴン州のポートランドで揃って講演させていただきました。その時の様子も以下に掲載しますので、是非ご覧ください。

ポートランドでの食と教育、自然環境を考えるイベント

2024年4月、滞在期間4日という短い期間でしたが、グランド・マザー共同代表の汐見稔幸先生とともに、2日間にわたるアメリカ・オレゴン州ポートランドを訪問し、講演会と教育関係者等とのディスカッションに出席させていただきました。日米で「子どもたちの心と体の健康を守り、すべての生命が輝く地球づくり」に向かう第一歩を踏み出すためのイベントを一緒に企画主催してくださったのは、ポートランド在住、島根県益田市出身のアキコ・ワイアマンさんでした。

アキコさんは昨年の夏、コロナ以来、数年ぶりの帰省で日本に帰国された際、同じ島根県で出雲市にある古民家ゆめの森こども園の取り組みをFacebookで知り、見学に来てくださいました。

アキコさんはアメリカで理想の保育を追求するため、ポートランドに移住。ご夫婦で自宅と庭を理想的な幼稚園に改築し、子どもたちが自然と触れ合いながら自由に伸び伸びと遊ぶ中でその成長をサポートする夢を実現しておられました。

昨年の夏、出雲の古民家ゆめの森こども園で1日ゆっくりとお話が出来たことは、県外での活動で留守にすることが多い私にとって、まさに運命的なご縁だったと感じています。

そのご縁で実現した2日間にわたる海を越えたイベントの初日の会場は、来場された100名近くのポートランド市内に住む日本人のお母さん方で埋め尽くされました。温かい拍手と歓迎ムードの中で、汐見稔幸先生も私も嬉しい気持ちいっぱいにお話をさせていただきました。

先進国の課題である、増え続ける子どもたちの発達障がいや大人の鬱病、薬物依存等の精神疾患における現状は、日米に差はなく、食も含めた「自然を取り戻す」という観点からの講演に会場全体が聴き入り、大きく頷いてくださる姿に感動と勇気をいただきました。

ポートランドのダウンタウンでは溢れるホームレス問題があり、市民の安全のためにも、ホームレスが暮らせる住居エリアを税金で整備したり、精神を病む人たちへの手厚い対策が取られていましたが、根本的な解決策は見えておらず、市民の皆さんも不安を抱えていました。

今回のような「食から腸内環境を整え、出来るだけ化学的な物質を体内に取り込まないことで、精神の安定や疾患の改善につながる」ことが専門的に裏付けられ実践事例から確認できれば、こうした問題の根本的な解決だけでなく、社会全体に明るい兆しをもたらすことにつながると思います。

汐見先生の、「今のAI社会において、目に見えない子どもたちの深い心の部分をどう育んでいくか」についてのお話も、非常に関心を持って聴き入ってくださいました。

ディスカッションで見えた、子どもに関わる大人たちの課題

2日目は、アキコさんが運営する幼稚園「木の根スペース」の中に建てられた素敵な木造建築のホールに、ポートランドのフリースクールやシュタイナースクール等の関係者が集まり、ポートランド在住30年以上の小澤弘子さんによる見事な同時通訳で、言葉の壁を越えたとても有意義なディスカッションが展開されました。その中で焦点となったのは、子どもたちの現状ではなく、そこに関わる大人（親や教師）のあり方の課題でした。

ディスカッションが進む中、日常の大人のあり方や関わり方における部分での意見交換から、その人の中にある「愛と調和の意識」へと目が向けられ、すべてを丸ごと受け入れる心のあり方、許し合える心のあり方こそが、すべての問題解決につながるのだろうと理解し、その大きな一助となるのが「食から自然を取り戻す」ことだと認識し合いました。

国境を超えて、人種を超えて、同じ地球人として「心」を大切にすること、そのためには地球の誕生を思い出し、微生物に包まれた豊かな自然環境を取り戻し、その中から学び、育ち合うこ

との大切さを見直そう！と心が一つになった素晴らしいディスカッションでした。

ディスカッション終了後は、自然溢れる「木の根スペース」の園庭で、お母さん方が各家庭から持ち寄った、それはそれは美味しい手料理をいただきながらの交流会。中には嬉しい発酵食もあり、テーブルを囲んでお喋りに花が咲きました。アキコさんが名付けた「木の根スペース」という幼稚園の名前には、「木の根っことスペース（宇宙）がつながる」という意味があるそうで、それを聞いて改めてアキコさんの深い思いに感動しました。

園庭には、アキコさんとご主人がせっせと種を時いたという可愛らしい草花が敷き詰められ、子どもたちが遊びながら食べられる果樹がたくさん。木登りやブランコが存分に楽しめる大木もあちこちにあり、極め付けは、枯れ葉や炭で土を発酵させた「菌ちゃん畑」が広がる中を元気に駆け回る鶏たちの姿でした。こんな楽園に毎日通って過ごせる子どもたちは幸せそのものです。

「木の根スペース」のような、自然環境の中でどこまでも笑顔で見守り、一緒に楽しく遊んだり、困った時にそっと手を差し伸べてくれる先生たちがいてくれる場所が、世界中の子どもたちに保証される時代を築きたい！と、今回の旅で夢はますます壮大に膨らみました。そして、ポートランド市は、日本の北海道札幌市と姉妹都市で、市長が神戸市を訪問されていたことも分かり、今回ポートランドに暮らす日本のママたちとのご縁が、日米の新たな世界平和につながる架け橋になれば良いなぁとワクワクしています。

日本改造運動の〝接着剤〟――汐見稔幸

発達障がいという障害を抱えた子どもの数が間違いなく増えている、ということがアメリカで言われたことがあります。日本でも、小学校の教員たちの実感的な話を聞くと、増えていることは間違いない、とのこと。

元来遺伝が原因と言われてきた発達障がいの子どもが、増えている、ということはどういうこと？　原因の中に、遺伝以外の社会的文化的要因つまり環境要因も入ってきているのではないか。

そう思った私は、この障害（もどき）で苦しんでいる子どもやその保護者は、環境が変われば症状も改善するのではないか、と思い始めました。しかし環境の中の何が大事な要因で、どうやったら改善するのか？

そんなことを考えていた矢先に出会ったのが、前島由美さんでした。彼女はミネラル食の大事さを訴えてきた国光美佳さんの協力も得て、出雲の地で、保育士の仕事をやめて、発達障がいと言われている子どもを集め、その食生活を変えることで症状を改善することにおそらく日本で初めて取り組み始めたのです。そしてあれこれ苦労しながら、そのことが正しいことを実証し出したのです。その成果は最初の著書『輝きを取り戻す〝発達障がい〟と呼ばれる子どもたち』(どう出版)に具体的な例として描かれています。

今、前島さんは、自らの実践をさらに拡大しながら、もう一つの手で、食生活の改善が、子どもたち、いや日本人全体の健康につながっていくということを前面に出した、壮大な日本改造運動に乗り出そうとしています。彼女は、この人は、と思うと、どんどん出かけていって、この運動に参加を促し、今度は、その人同士をも、ものすごい勢いでつなげてまわっています。大事な人と思えば、どんどん自らつながり、その人たち同士も次から次へこの日本改造運動につなげていく、何と言ったらいいのでしょうか、前島さんは、接着剤としての役割を見事にこなしているようです。ミセスボンドです。

彼女は、出雲の地で、不登校や発達障がいと言われてきた子たちの自立のための村を築きつつありますが、合わせて、同じ思いを持った人たちが、全国で、同じように、それぞれの新しい村を作っていくことを呼びかけようとしています。おそらく、そうした地道な人間らしさの取り戻しの運動が、あれこれ課題だらけになった日本に、新たな血流を産み出し、本当の改造につながっていくのだと思います。10年後が楽しみです。

医師・医学博士・「胎内記憶」第一人者

池川明先生

池川明先生とは、ご縁のきっかけが全く思い出せないほど、気づけば数々のイベントにお力添えをいただいていて、今も不思議なお付き合いをさせていただいています。自然体で誰にも変わらぬ優しい笑顔で接しておられる先生のお姿をいつも心から尊敬しています。

産婦人科の医師というお立場から「胎内記憶」という、今の社会では敬遠されがちなスピリチュアルな世界に臆する事なく踏み込まれ、大勢の幼い子どもとママの証言を元に、赤ちゃんは親を選び、人生のミッションを持って生まれて来ること、天界という場所があること等、私たちが魂を思い出す道標になってくださっています。

なかでも池川先生のご講演で腑に落ち、全国のママに伝えてさせていただいているのが、赤ちゃんが等しく持って生まれて来る3つのミッションについてです。それは、①ママを幸せにする　②思い切り自分（魂）を生きる　③社会の役に立つ、です。

妊娠中のママが幸せに満ちていれば、その時点で赤ちゃんの1つ目のミッションは達成。生まれた瞬間から2つ目のミッションへスタートが切れるわけです。2つ目のミッションの達成には、親や社会が丸ごとを子どもを大事に受け入れ、十分な体験の中で「人として生きる」学びをさせてあげることです。これが3つ目のミッションを達成する鍵になります。

こうした本来、社会が導くべき道筋を生命の源から明るく照らしてくださっている池川明先生に出会わせていただけたことは、私の人生の宝物です。そして、これもきっと今世で必ず果たすと決めて来た使命を応援してくれる天界や宇宙からの贈り物だと心から感謝しています。

前島イズムでお互いを支え合う社会に――池川明

『輝きを取り戻す〝発達障がい〟と呼ばれる子どもたち』に続く第2弾、上梓おめでとうございます。第1弾の前作では、著者前島由美さんの半世紀にわたる保育現場での経験が描かれており、それは家庭から食の改善、子どもたちへの関わりを変えていく取り組みで、子どもたちが劇的に自分の人生を取り戻す様子が描かれていました。

今回の第2弾では思春期の子どもに焦点を当て、今ある子どもの問題は、実は子どもに原因があるのではなく、我々大人の社会を映し出している鏡のような存在で、実は大人が変わらなければ問題は解決しない、というところに言及しておられます。

オリンピックで活躍する若手の選手や各界で活躍する若者の活躍を見ていると、最近のお子さんが昔と違って、少しずつ能力を上げていることが、何となく理解されるのではないでしょうか。その前に立ちはだかるのが従来の延長で子育てをしたいと望む親や社会です。そんな枠に囚われずに自由な発想を持つ能力の高い子どもたちが増えていますが、子育ては受精の瞬間から始まっているという認識が大人側にないために、多くの子どもは自ら持つ能力を発揮できないように育てられているのではないかと危惧しています。

体の栄養はもちろんですが、心の栄養も不可欠です。すなわち親や周囲の愛が必要であり、どんな親も子どもに対して愛があるのに、その「愛」の表現方法を知らない、だから子どもは「愛されていない」と勘違いしたまま育つ場合が決して少なくないようです。

本書には前島さんの「人と人が助け合い、協力し合って夢を実現させていく」という前島イズムが凝集されています。多くの人に本書が届き、人の心と心がつながり、一人ひとりが果たしたい役割を果たせるように、助け助けられるという支え合う社会に一人でも多くの方が参加していただけることを願っております。

『食べなきゃ、危険』著者・子どもの心と健康を守る会代表

国光美佳先生

2011年秋、一本の電話でつながった国光美佳先生とのご縁。そこから運命は大きく展開し始めました。本を読むのが億劫だった私が導かれるように本屋に立ち寄り、気づけば『食べなきゃ、危険』（小若順一、国光美佳、食品と暮らしの安全基金著　フォレスト出版）を手に取り、パラパラとめくっていました。発達障がいアスペルガーの特性を見事に持つ小2の男の子が食事からのミネラル補給で劇的な改善した事実。描画に現われる子どもの心理状態が食の見直しで劇的に改善する事実に触れ、居ても立ってもいられず、信頼する心療クリニックの管理栄養士、小町みち子さんに連絡。すると「国光美佳さんならつながっています。すぐご紹介します！」とつなげていただきました。初めてお会いしたとは思えないほど話が止まらず、「苦しむ親子をモニターにとり、一緒に

食による変化を見ていきましょう！」とお話しした時から13年。二人三脚の取り組みは「食が心（精神）を救う！」、そしてこの証明に留まらず「食を見直せば、農業が変わり、地球環境を浄化する」という壮大な発信へとつながっていきました。

美佳先生へのさらなる深い信頼は、ちょっとした事から知った事実で生涯変わらぬ絶対的な絆に変わりました。それは、モニター親子に送る2週間分の食材を人知れず自腹を切っておられたのです。言葉にならない感謝と感動とともに私の中に入って来たメッセージは「この取り組みで日本を救いなさい！　かつて神が国造りを行なったこの出雲の地で、もう一度、新しい縄文の時代を迎えるのです」でした。

「必ず役目を全うします」そう答えた後、次々とご縁がつながった全国の人たちの応援と支えで今があります。ここまで純粋に子どもたちと地球の未来を願い、生涯をかけて一体となり活動できる美佳先生に出会えたことが私の人生の最幸の奇跡です。

人との出会いで人生が変わる——国光美佳

前島由美先生との出会いで、何組の親子の人生が変わっていったことでしょう。由美先生と出会って10年あまり。感動の関わり、覚悟を持った親子丸ごとの受け入れの姿を直接伺ってきたことが改めて嬉しく、そして本書でその全容が描かれ、読まれた方の悩み、困ったことへの希望の光が見られることに「待っていました！」という思いと喜びでいっぱいです。

由美先生との出会いはさかのぼること13年。私がＮＰＯ法人食品と暮らしの安全基金でのミネラル不足調査に関わったことをきっかけに、五大栄養素の一つ「ミネラル」が生命活動に欠かせない酵素の活性化に関わり、セロトニンやドーパミンなど、神経伝達物質の生成に影響することを、発達障がいと診断された子どもたちの実体験を書いた拙著『食べなきゃ、危険！』を手にとってくださったことからでした。

そして、本を読んですぐに実践された由美先生が、食と精神の関係、その事実を目のあたりにされた時「このことを私だけの実践に留めておくことは罪だ」と精力的に出雲での講演会を開催してくださったのです。

その後、私は、ゆめの森こども園に通う子どもさんの家庭でのミネラル補給を提案させていただくようになりました。日中、由美先生が「キレる」「イライラ」するなど、苦しい思いを抱えた子どもたち、親御さんを愛の関わりで丸ごと受け止め、ご家庭でミネラル補給を私が提案させていただく、まさに手を取り合っての二人三脚の日々……。お陰様で、たくさんの親子の、「キレなくなった」「眠れるようになった」「偏食が改善した」という嬉しい体験談が集まっていき、どんどん月刊誌『食品と暮らしの安全』でも紹介させていただきました。

その過程で、由美先生から語られる日々のご実践、子どもたちの中の光を見出し「今日はこんなやりとりがあったよ」「この子はこんな素晴らしい力を持っているよ」と語る一言ひとことは、感動そのものでした。

深く人を愛するとは、真の関わりとは、子どもを信じ切るということは、愛をもって叱るとは……。由美先生から語られる実践の様子に、何度涙し、深く感動させていただいたか数え切れません。

子ども自身が抱える苦しさに全力で寄り添い受け止める日々の積み重ねに、食や環境が溶け合い、たくさんの子どもたちの見事な回復が重なっていったのです。

しかしながら、今もなお、全国で苦しい思いをしている子どもたち、居場所を失った子どもたちは、年々増えていく一方です。苦しむ親子全員に由美先生に出会ってほしいと思ってきましたが、本書のおかげで、直接お会いできなくても、由美先生の子どもたちや親御さんへの愛は本書を通して届き、支えていく方々のバイブルとなり、たくさんの親子の希望の一冊になることができます。

ここに勇気と期待を感じながら、いつか、由美先生のような深い愛の関わりと、食や環境、すべてが融合できる「ゆめの森こども園」のような場所が各地に誕生する未来を思い描いています。

本書とともに、由美先生の愛がたくさんの方々に届き、その先に嬉しい笑顔がひろがる「奇跡の一冊」になることを願ってやみません。本書の誕生に心からの感謝でいっぱいです。

由美先生、これからもますますお元気に「奇跡の一冊」とともに、ご一緒に希望の花を咲かせていきましょう。

最終章

すべての生命が輝く社会へ

愛と調和の「縄文時代」を復活

本書は、思春期の子どもたちの支援や育て方を軸に書きましたが、子育ては思春期だけを切り取って語れるものではなく、植物が種から育ち、根を張らなければ実らないように、子どももお母さんのお腹に受胎した時から育ち始めます。それは体だけではなく、心もお母さんのお腹の中で育ちます。お母さんの心の状態が胎児に大きな影響を与えるため、日本の未来を担う子どもたちの育児や教育を本気で社会が考えるなら、何よりも最優先でお母さんの心と笑顔を守らなければなりません。それはすなわち、社会全体に「安心安全な生活環境と人と人が信頼関係でつながるコミュニティ」を広げることだと思っています。そしてそれは、すべての人の幸せな生涯に通じます。

戦後からこれまでの近代社会において、国家統治のための分離・分断が人々を孤立させ、逞しく生きる力を奪ってしまったように感じます。すべては一つにつながっています。子どもたちが生涯を心豊かに逞しく生き抜くためには、そのことを思い出し、愛と調和の「縄文時代」のような社会をみんなの手で取り戻すことなのです。その核となるのが微生物や量子の世界です。

自然界はこの微生物と量子の世界で完璧な循環を保ちながら、私たち人間に必要なものすべてを与えてくれます。そして、それは物質的なものに留まらず、最も大切な「人の心（意識）」とつながって愛と調和の世界を広げていきます。

そして、その意識を私たち人類が日常の暮らし（衣食住）に向け始めることで、地球上のすべてにおいて好転し始めます。そのお手本を日本が見せることで、近い未来に世界に影響を与えることは決して夢ではないと思っています。

今、全国各地で素敵な「村づくり」が始まっています。まるで宇宙から一斉にインスピレーションが下ろされたかのように、同じ思いに立つ人たちがアイデアを出し合い、どんな時も優しさと思いやりを忘れず、ジャッジや対立のない、どこまでも和気《わき》藹々《あいあい》と楽しく賑やかに過ごす大人たちの周りで子どもたちが生き生きと走り回っている。この光景こそがまさに縄文時代の復活だと思っています。

かつて国造りが行なわれた出雲で、10年前に立ち上がった古民家ゆめの森こども園は、そのインスピレーションだけを頼りに築いてきました。しかし、それは壮大な茨の道の始まりでもあったのです。

たった一人で強い思いを、出来る限りスピーディーに貫くためには法人（株式会社）として立ち上げる必要がありました。当時、国の助成金や補助金は一切適応されない株式会社で、子どもたち＝地球の未来だけを見据え、独断で一気に駆け上がるためにはこの道しかなかったのです。

スタートは切ったものの、その先の道のりは壮絶なものでした。まるで天から「これでもやれるか？」と試されるかのように、真に親子に寄り添う支援が災いし、知らぬ内に１６００万円もの過誤請求が突然発生したり、その他にも、他の事業所には類を見ない「食」への取り組みが自治体に不審に思われ、閉鎖の危機に立たされたこともありました。そんなことが目白押しにやって来る度に「どんなことでもやり切ります！」と誓い、歩みを止めず進んできました。

そして、ようやく光が挿し、ゴールが見えた！と感じることが出来るようになった最終段階で、まさに相応しい究極の経営困難の危機を迎え、さぁ、ここをどう乗り切るか……という中、本書を書き上げました。

でもきっと大丈夫！　全国八百萬《やおよろず》の神々がこの10年間に紡いでくださった必然のご縁のパワーが必ず大逆転を招き、苦難を覚悟で地球と人類のために降りて来てくれた「発達障がい」と呼ばれるギフテッド（贈り物）の子どもたちを掬い上げてくれると信じています。愛と勇気溢れるこの魂たちに報いるためにも、あと一息顔晴《がんば》ります。

ゆめの森こども園から新しい時代をつくる

今こそ日本は変わります！　具体的な行動として急務なのは、「発達障がい」と診断された我が子を苦悩のあまり投げ出そうとしてしまう保護者を救済すべく、縄文の村のような助け合える共同生活の場を実現させることだと思っています。そして、これからの時代は一拠点に留まらず、各地の同じような場所へリトリートしながら心豊かな人生が送れるようになること。

高齢化で誰も住まなくなり朽ちていく貴重な日本の民家を蘇生させ、障がい者と呼ばれる人たちが衰退していく農業の担い手になる（農福連携）。そこで行なわれるのは慣行栽培を卒業した微生物バランスに着目した持続可能な自然な農法。口から入れるものに心を配り意識が整えば、すべてが整い、真の豊かさが社会に訪れます。

2022年秋に出会い、その思いと行動に大きく賛同してくださり、一緒に実現させよう！とご尽力くださっているのが東洋ライス株式会社の御歳90歳の雑賀慶二社長です。「地球環境・健康」の両面から、理想を追い求め生み出した、国連も認めた世界に誇る「奇跡」とも呼べるお米の加工技術を発明された方です。

雑賀社長は「再び米作りで『瑞穂の国』を復活させ、糠層を大切にした穀物で、腸内環境を整えれば、日本人は必ず心身共に健康で幸せになれる！」そう断言。一日も早い、その日の実現に向けて「産官学消」の座組組織「医食同源米で我が国の国難を解決するコンソーシアム」を2023年11月に設立されました。

そこに合流してくださったのが、東京医科歯科大学難治疾患研究所未病制御学部門の安達貴弘先生です。先生が代表を務める「超健康コンソーシアム」からも支援を受け、10年にわたる苦難の歳月と向き合ってきた古民家ゆめの森こども園は、新たな時代を築く一拠点として生まれ変わろうとしています。

大変だった茨の道を潜り抜けたこの先は、まさに光の降り注ぐ地上天国への道が待っていると思っています。地球上の生きとし生ける生命が輝き、誰ひとり苦しむ人のいない社会実現は決して夢ではないと信じています。八百萬の神々と力を合わせ、出雲に新しい時代のモデルとなる場所づくりが出来ることを、ただただ祈念しています。

「医食同源米で我が国の国難を解決するコンソーシアム」オフィシャルサイト
https://kokunan-consortium.jp/

あとがき

私の母は、昭和12年に重度の口蓋裂で生まれ、「生命の保障はないが今後の医療の発展のために預けて貰えるなら……」と九州の大学病院で一命を取り留めました。当時の医療技術では皮膚の移植も試し試しで、全身あちこちの皮膚を移植する手術に学校も休むことが多く、登校してもいじめられていたと言う母に、私はとても幼心を痛めていました。

今思えば、ＨＳＰと呼ばれる極度の共感性を持っていたのでなおさらだったと思いますが、他人のネガティブな感情を瞬時に自分のものとして感じ取るため、人一倍、不安や恐れに駆られやすく、集団は苦手でした。

極度に他人の目を気にするあまり自己表現が出来ない子ども時代を過ごした私を大きく変えてくれたのが保育園の子どもたちでした。ありのままの姿で、ありのままの私を受け入れてくれる幼い子どもたちに日々深く癒され、心の底から溢れ出す愛情を表現できるようになった私は、やがて目の前の子どもたちだけでなく、すべての子どもたちが幸せになる社会を創りたい！という壮大な夢を持つようになりました。

しかし、その思いが強くなればなるほど、現実の保育現場に不満が募り、自分より他者に目が向き、気づけばジャッジが多くなっている自分に苦しむようになりました。

そんな折、近くにありながら初詣にさえ行くのが億劫だった出雲大社に急き立てられるように毎朝早朝から参拝するようになりました。早朝参拝から40日を過ぎた頃、一生忘れられない運命的な日を迎えました。それはいつも通り大鳥居をくぐり、周囲に人影がない中、独りで参道を歩いていた時のことです。出雲大社の背後の山から突風が吹き降りて一瞬で体を巻かれた感覚を覚えました。その瞬間、耳元でこの世のものではない、低く深い深い声で「愛してるよ〜」と聴こえたのです。私は霊感が鋭いわけでもなく、後にも先にもこの時だけの体験でしたが、その声を聴いた瞬間、滝のように涙が溢れ出ました。

三人兄弟の長女として生まれた私は、母の側を離れない妹と病弱な弟を目の前に甘えることが出来ず、祖母と過ごすことが多い毎日でした。母に負担を掛けまいと知らず知らずにがんばっていたのだと思いますが、そのまま成長し、二十歳過ぎには出雲に嫁いだため、母親とは年に数回しか会えず、幼少期からの寂しさを抱えたままだったのだと思います。

大宇宙から「愛してるよ〜」とはっきりメッセージを貰えたことで、自分でも気づいていなかった心の穴が一瞬で埋まり、

「私はこんなにも愛に飢えていたんだなぁ……でももう大丈夫！　これ以上ない愛を宇宙から注がれていたことが分かったのだから、ここからは、これまで受けてきた宇宙からの愛を地球のために注ごう！」

そう心の底から思えたのです。その日を境に出雲大社への朝の参拝はなくなりました。そして保育士としての日々も１８０度変わり、目の前だけに集中し、愛と感謝に満ち溢れた保育を若手の保育士さんたちと楽しむことが出来るようになったのです。

その年末、長く介護を要した義母が逝去し、翌年２０１１年３月の大震災で私の人生にも大きな転機が訪れました。すべては神計らいだったのです。そこからはもう記憶が辿れないほどの勢いで今への道を駆け抜けてきました。

「発達障がい」とされ苦しむ子どもと保護者を目の当たりにする中で、とにかく原因を突き止めたいと思った時に辿り着いたのが「食」でした。保育士時代、赤ちゃんのアトピーや喘息が農薬や化学調味料を使わない自然な給食で良くなっていく……このことに気づいていた私は「脳内アレルギー」と呟《つぶや》いた脳の専門家の一言でピン！と来ました。「アレルギーなら食で改善できるはず！」

その後、八百萬《やおよろず》の神々に導かれるようにご縁をいただいた小町みち子さん、国光美佳さんとの連携でたくさんの改善事例を世に発表できたことは、紛れもなく「これで世を救いなさい！」というメッセージだったと思います。

しかし、人生はそう甘くはありませんでした。無謀にも、思いだけで立ち上げた株式会社で運営する福祉事業には途轍《とてつ》もない試練が待ち受けていました。しかし、それこそが世直しにつながる第一歩だったと今は確信しています。過酷な茨の道で出会った大勢の人たちの応援とご支援をいただきながら、どんなことも一人の力で成し遂げられることなど一つもないということを学んでいきました。

人と人が助け合い、協力し合って夢を実現させていくほど尊いことはないのだとつくづく感じて、今もその醍醐味を味わわせていただけていることに感謝しかありません。

そして、全国を回りながら、いよいよその夢の実現は見えてきたと感じています。

生きとし生ける生命が輝き、八世代先の子どもたちも元気で幸せに過ごしている社会や世界の基盤となるものが、今多くの志をともにする人たちのコミュニティが集まることで日本中に浸透し始めています。世直しの仕方は、とてもシンプルでした。分離を超えてすべてがつながれば良いのです。人の心がつながっていれば、そこに安心と安らぎが生まれます。人々の安心と安らぎは平和な社会を築き、やがて世界平和、地球の蘇生へとつながっていきます。そのことに気づけたのは分離の世界を見てきたからです。本当にすべてはつながっているんだなぁと宇宙の摂理を実感しています。

何一つ無駄はなく、善も悪も、闇も光もない。宇宙から見れば正しい答えなど何処にもなく、その人その人の魂が輝く人生が送れたらそれがベストなのだと気づきました。一人ひとりが果たしたい役割を喜んで果たしていける社会になることを願い、これからも頑晴《がんば》っていきたいと思っています。

無条件に愛され続けた子は、無条件・無差別に愛を注げる人に成長していきます。今の日本の学校教育がこのことを柱にすれば、社会は一変します。そして教育は「共育」に変わり、学校は「楽校」に変わっていくと思います。そのために最も大切なことは、私たちがすべてを国に任せ切りにしないこと。政治と暮らしを分離させず、協力し合っていけば、理想の社会は必ず近い未来に訪れます。

私たち日本人の愛と調和の「和の心」が世界を地球を救うと心から信じています。どこまでも宇宙人の感覚が止まらず、何度も原稿を書く手が止まってしまう私に、どこまでも寄り添い、並々ならぬお力添えをくださったどう出版の木村さん、千葉さん、そして、温かなメッセージを添えてくださった比嘉照夫先生、汐見稔幸先生、池川明先生、国光美佳先生、いつも支えてくださる東洋ライスの雑賀慶二社長、「菌ちゃん」こと吉田俊道先生に、言葉では尽くせない感謝の意を込めて、本書のあとがきとさせていただきます。本当にありがとうございました。

令和6（2024）年7月

前島 由美

輝きを取り戻す思春期の子どもたち
——大人が変われば子どもは変わる——

令和6年（2024）年9月1日　初版第1刷発行

著　者　前島由美

定　価　本体価格 2,100 円
発行者　渕上郁子
発行所　どう出版
〒 252-0313　神奈川県相模原市南区松が枝町 14-17-103
電話　042-748-2423（営業）　042-748-1240（編集）
http://www.dou-shuppan.com
印刷所　株式会社アルキャスト

　ISBN978-4-910001-46-3

前島 由美　まえじま ゆみ

ゆめの森こども園 代表 ／ 株式会社ギフテッド 代表取締役
一般社団法人グランドマザー 代表理事

大阪生まれ。企業勤務を経て、保育助手として保育現場に勤めながら幼稚園教諭、保育士資格を取得。25 年間保育士として勤務。
保育士時代に「食と子どもの心身の育ち 」に関心を高め、食育指導士資格を取得。保育園退職後、養育支援事業所に勤務。発達障がい児の急増の原因のひとつに現代食による栄養の偏りや農薬などの化学物質が影響していることを知り、食生活の見直しを柱にした療育を実践するため、2013年夢の森いずも株式会社を設立。翌年４月「キッズコミニケーションサポートゆめの森こども園」を開園。2016年化学物質を一切使わない「古民家ゆめの森こども園」を開園。すべて自然素材で建てられた園では、養蜂、平飼いの養鶏、ヤギ、ウサギ、犬、猫など動物飼育、自然栽培による田畑や花作り、炭焼きや薪割り、竈でご飯を炊く体験も取り入れている。2020年５月、一般社団法人グランドマザーを設立。天性の感性ゆえに苦しむ子どもたちを一気に救う、新時代の学校モデル『全国初、寄付型フリースクール』の実現を目指している。
2022 年 3 月、運営会社を「株式会社ギフテッド」と改め、新たなスタートを切った。

株式会社ギフテッド　https://369gifted.com/

〈前島由美の本〉

『奇跡の食育（４）』（美健ガイド社）
良い環境と良い食事が子どもを変える !!

マンガでゆめの森こども園の取り組みを伝えます。

季刊『道《どう》』連載　（どう出版）
「愛の関わりと連携で、輝きを取り戻す子どもたち」

年４回、子どもたちの回復と成長をレポート。

※本書および前著『輝きを取り戻す “ 発達障がい ” と呼ばれる子どもたち』のご購入もこちらです。

夢の森フリースクールを
応援してくださるみなさまへ

日本初 企業・個人参画の共育モデルプロジェクト

八世代先の子どもたちの未来をつくる
プロジェクトにぜひ、参画してください。

大人も子どもも輝きながら育ち合う「共育」の実現は、残念ながら、監査のための書類作成に追われる今の国の傘下では実現できません。今日の感動、反省をディスカッションでシェアし、大人が輝く保育、教育、療育現場が子どもたちの未来、日本の社会を幸せにします。そのためにはモデルが必要です。

日本の原風景が広がる楽舎（学舎）で、一人ひとりの子どもの天性の才能が開花する楽校が総工費２億円で実現します。八世代先の子どもたちと地球のためにご協力を宜しくお願い申し上げます。

一般社団法人グランドマザー　代表　前島由美

https://369grandmother.com/

「八世代先の子どもたちのために」前島由美講演（約 10 分）
（第一回 正木一郎記念 ユニバーサルビレッジ・ＥＭ国際会議）
https://www.youtube.com/watch?v=6IF3v8_uIDM

就労継続支援 B 型事業所　ゆめの森ファーム
https://369gifted.com/yumemorifarm/

「優しさがつなぐ、こどもたちとミツバチの幸せな未来へ」
フーズフォーチルドレン立ち上げからの活動記録
https://ffc2019.wixsite.com/mysite